O CORAÇÃO COMPASSIVO

*A superação do sofrimento
por meio da psicologia
e da prática budistas*

Martin Lowenthal
Lar Short

O CORAÇÃO COMPASSIVO

*A superação do sofrimento
por meio da psicologia
e da prática budistas*

Tradução
GILSON CÉSAR CARDOSO DE SOUSA

EDITORA PENSAMENTO
São Paulo

Título do original:
Opening the Heart of Compassion
Transform Suffering through Buddhist Psychology and Practice

Copyright © 1993 by Charles E. Tuttle Co., Inc.
Primeira edição publicada em língua inglesa por Charles
E. Tuttle Co., Inc., de Boston, Massachusetts, Rutland,
Vermont e Tokyo.

Edição	Ano
1-2-3-4-5-6-7-8-9	95-96-97-98-99

Direitos de tradução para a língua portuguesa
adquiridos com exclusividade pela
EDITORA PENSAMENTO LTDA.
Rua Dr. Mário Vicente, 374 – 04270-000 -- São Paulo, SP – Fone: 272-1399
que se reserva a propriedade literária desta tradução.

Impresso em nossas oficinas gráficas.

Agradecimentos

Muitas foram as pessoas que, direta ou indiretamente, colaboraram na realização deste livro. Devemos a Sua Santidade Dilgo Khyentse Rinpoche o encorajamento para escrever a respeito do Coração da Compaixão.

Queremos também registrar os nossos agradecimentos às centenas de estudantes e aconselhandos com quem trabalhamos, que nos permitiram acesso aos seus mundos interiores, revelando-nos não apenas sofrimento, mas coragem e empenho em crescer, ser livres e partilhar os frutos de sua jornada espiritual.

Somos gratos aos membros da Grace Essence Fellowship (GEF) pelo apoio e incentivo. A GEF é a organização responsável pela divulgação desses ensinamentos e pela assistência prestada ao desenvolvimento espiritual dos estudantes.

Temos um débito especial para com Paul Patterson, cujas críticas e assessoria editorial em muito nos ajudaram no projeto definitivo e no delineamento do tema da meditação incluído no Capítulo 10. Joel Friedlander ofereceu-nos úteis e ponderadas contribuições para a edição e revisão de todo o livro. Não menos gratos somos, finalmente, a Karen Edwards, Paige Short, Ellen Galford, Micah Lowenthal e Kevin Lowenthal pelo estímulo, encorajamento e sugestões editoriais.

Prefácio

Este livro surgiu da colaboração entre os autores para a realização de cursos ministrados nos retiros da Heart of Compassion [Coração da Compaixão], que incluíam práticas de meditação associadas ao Bodhisattva da Compaixão. Nesses cursos intensivos de oito dias, bem como na redação do livro, integramos a nossa experiência e compreensão das condições da vida moderna, o eterno problema da dor e do sofrimento, conceitos da psicologia ocidental e os ramos da filosofia, da psicologia e da prática espiritual budistas. Nossa esperança é a de que o resultado propicie um caminho para a compreensão de nós mesmos, para o desenvolvimento da sabedoria, a experiência de estarmos vivos e evoluindo e a percepção da verdadeira liberdade.

Optamos por oferecer essa mistura de Oriente e Ocidente, de moderno e tradicional, de profano e de sagrado por intermédio de ensinamentos sobre os hábitos mentais que moldam a nossa experiência de nós mesmos e do mundo, os quais, não raro, fazem com que vivamos numa esfera de dores. A fuga do sofrimento para a liberdade exige a ação criativa orientada pela compaixão. E essa compaixão se desenvolve por meio da reflexão quanto à natureza da nossa condição, e do entendimento de que a nossa maneira de agir é uma fonte de possibilidades tanto para o sofrimento como para a expressão criativa. Para nos conduzir à liberdade, a compaixão tem de despertar em nós o desejo intenso de trabalhar com consciência, diligência e empenho, a fim de agir de um novo ponto de vista. Oferecemos um caminho para a superação de nossas realidades penosamente constritivas. Esse caminho utiliza a nossa própria experiência e a nossa preocupação instintiva com os outros.

Os tópicos tratados neste livro baseiam-se nas lutas e dificuldades universais tão comuns em nossa vida diária. Ler esta obra pode significar investigar a condição humana e os desígnios humanos com o objetivo de empregar esses desígnios na superação das fixações e moldes das condições normais.

Há muitas maneiras de descrever as fixações humanas. Os sistemas de Jung, de Freud, de Rank, de Gurdjieff e de Maslow são alguns exemplos. Alguns enfatizam a neurose, outros, os valores; outros ainda, padrões neuróticos específicos como culpa e vergonha. A abordagem que aqui apresentamos deriva da tradição budista. Ela enfatiza (1) a nossa tendência para distorcer os impulsos naturais da alegria de viver, que não são nem bons nem maus, (2) a nossa inclinação para criar essas distorções sob a forma de versões pessoais da realidade e de padrões de comportamento e (3) a nossa capacidade de despertar, por meio da consciência e da ação, a nossa maneira natural de ser, de vir-a-ser e de agir. Podemos, pois, usar as energias e qualidades da nossa sabedoria para reorganizar o modo como agimos na vida quotidiana.

Assumimos uma postura budista por ela tratar da vida diária e dos processos interiores. Este livro é um guia para a compreensão de nossos processos de pensar, de sentir e de agir. Ele propõe exercícios para o uso de nossas capacidades de crescimento. Mostra como viver num estado mental mais consciente, no dia-a-dia e no relacionamento com os outros. Escrevemos, não como budistas, mas como seres humanos empenhados em respeitar seus semelhantes como seres humanos e em compartilhar aquilo que achamos ser útil para o crescimento de todos.

O primeiro passo para despertar a capacidade da consciência consiste em estabelecer uma pausa na nossa vida diária e em descobrir onde estamos neste exato momento. Este livro procura ajudar nesse processo de reflexão consciente.

Os três capítulos da Parte I apresentam uma introdução básica. O primeiro trata do objetivo da liberdade interior e da natureza da compaixão. A compaixão não é apenas produto de um trabalho espiritual, mas uma prática que pode nos livrar dos padrões de sofrimento habituais. O segundo capítulo analisa a natureza do sofrimento — como ele surge, os padrões de inquietude que criam as esferas da dor e como esses padrões lançam os alicerces do crescimento, da sabedoria e da liberdade. No terceiro capítulo, apresentamos o mito do Grande Compassivo, Avalokiteshvara, como um meio de introduzir metaforicamente o tema da compaixão e os mundos da dor — e também para estabelecer vínculo com a tradição da qual emanam os ensinamentos deste livro.

Essas discussões são seguidas, na Parte II, por descrições das esferas de fixação — os habituais padrões de pensamento, sentimento e comportamento que geram a dor — e sua dinâmica subjacente. Cada esfera, cada dinâmica são elaboradas em termos de:

1. as principais preocupações da esfera;
2. o que é desejado, evitado e ignorado;
3. as atitudes do coração na esfera;
4. o duplo vínculo (pensamento e/ou padrões de comportamento contraditórios ou mutuamente supressores), lesões e vícios da esfera;
5. como a esfera se faz passar por trabalho espiritual;
6. as características da dinâmica subjacente à alegria de viver;
7. as qualidades de sabedoria associadas à dinâmica e
8. as práticas de meditação e investigações que revelam a dinâmica e desenvolvem as qualidades de sabedoria.

As meditações aqui propostas destinam-se a aprofundar a compreensão e a instigar a capacidade de agir com lucidez e atenção na nossa vida diária. A compaixão é, ao mesmo tempo, um caminho para trabalhar conscientemente com a energia e com a lucidez do coração, e o fruto da sabedoria que brota desse trabalho.

A Parte III apresenta uma meditação mais abrangente para o desenvolvimento das energias do centro do coração e para o entendimento da compaixão como um aspecto radiante da alegria de viver. O último capítulo trata do despertar da alegria de viver e da liberdade.

Esperamos que este livro contribua para tornar mais acessíveis a natureza e a profundidade de perspectiva da tradição budista aos interessados em desenvolver sua lucidez, sua natureza básica e sua capacidade de se relacionar e de compartilhar neste mundo. Esperamos também que ele possa contribuir, o mínimo que seja, para levar a bênção não sectária de Sua Santidade Dilgo Khyentse Rinpoche a todos os povos da Terra. Ao encorajar-nos quando nos abalançamos a escrever este livro, disse ele:

A nobre tarefa que ora empreendem contribuirá em muito, sem dúvida, para a compreensão do Dharma por parte de todas as pessoas interessadas, não apenas no Ocidente como também no Oriente, onde bons livros sobre o tema continuam raros. Desejo-lhes todo o êxito no empreendimento.

>Com as minhas Bênçãos,
>Seu no Dharma,
>Dilgo Khyentse Rinpoche

VEN. DILGO
KHYENTSE RINPOCHE

SHECHEN TENNYI
DARGYE LING

Sumário

Agradecimentos 5
Prefácio 7

PARTE I
O CORAÇÃO DO SOFRIMENTO
E DA COMPAIXÃO

1. Nascidos para Ser Livres: *Uma Introdução* 15
2. A Busca da Iluminação ao Longo das Seis Esferas do
   Sofrimento 27
3. Avalokiteshvara: *O Mito do Grande Compassivo* 39

PARTE II
DAS ESFERAS DO SOFRIMENTO
À SABEDORIA DA ALEGRIA DE VIVER

4. Além do Imperativo Territorial: *Da Esfera Animal à
   Dinâmica do Relacionamento* 53
5. Contra a Maré na Esfera do Inferno:
   *O Poder da Dor, a Dor da Impotência e a Liberdade
   do Vazio* 65
6. Quando o Bastante não Basta: *A Esfera dos Fantasmas
   Famintos e a Geração de Valor* 85
7. Além da Luta e da Busca de Poder Pessoal:
   Da Esfera dos Titãs às Habilidades Pessoais 103

8. Prisioneiros do Conforto: *A Esfera dos Deuses
    Isolada do Mistério* 125

9. Viver sem Dúvidas: *Conceitos da Esfera Humana
    vs. Experiência Direta* 145

PARTE III
A PRÁTICA DA COMPAIXÃO
E OS FRUTOS DA LIBERDADE

10. Meditar para Encarnar a Compaixão 171
11. O Despertar para a Alegria de Viver e a
    Compreensão da Liberdade 177

Bibliografia 185

PARTE I

O Coração do Sofrimento e da Compaixão

1

Nascidos para Ser Livres
Uma Introdução

Temos aqui a mesma brisa daquela remota
Primavera em Lumbini,
Terra natal do Buda.
A mesma névoa paira à tarde sobre o jardim
Como pairou sobre os antigos bosques
Das árvores de Asoka.
Não há lugar nesta boa terra
Que não seja pátria
De um Buda.

Senzaki Roshi

Se alguém fere o meu coração, ele não se rompe, ele queima.
E a chama que dele emana torna-se uma tocha no meu caminho.

Hazrat Inayat Kahn

A vida é um jogo vibrante de energias e oportunidades que podemos experimentar com abertura, lucidez, alegria e fascinação. A liberdade de, simplesmente, ser o que somos — de sentir a alegria de viver, de agir de maneira autêntica, de compreender a natureza do nosso ser para além da inevitabilidade da morte, e de sentir amor, vínculo e integração com as outras pessoas e com o mundo — é a inspiração, o objetivo e o direito nato de cada ser humano.

Entretanto, lutamos com a dor. Ansiamos pela permanência num mundo em contínua mudança. Desesperados, buscamos amor, experiências culminantes e estados alterados de consciência no nosso desejo de superar a solidão e o isolamento. Na nossa vida há mais sofrimento que liberdade, mais tensão que harmonia, mais dissimulação que autenticidade, mais entorpecimento que consciência. Muitos de nós gozamos de prosperidade e de liberdade política, econômica e social. Enquanto sociedade, temos meios de estender a riqueza e a liberdade a todos os habitantes do planeta. Entretanto, sentimo-nos inquietos e inseguros.

Dividimos o mundo entre aquilo que consideramos ameaçador e o que consideramos benéfico. Queremos o alívio das lutas cotidianas, queremos saber o que acontecerá na nossa vida e temos medo de morrer. Buscamos respostas que nos arranquem da prisão do sofrimento e da incerteza, que nos ajudem a viver cada dia com autenticidade.

Este livro, embora não ofereça respostas, que só podem provir de dentro de nós mesmos, apresenta idéias, ensinamentos e práticas que podem nos libertar do desejo de ser "alguém", da ansiedade por provar alguma coisa e do medo de viver. Apresenta um modelo eficaz de compaixão que nos encoraja a assumir os nossos pensamentos e sentimentos, a descobrir a dinâmica subjacente à nossa alegria de viver, a desenvolver nossas energias espirituais e a apressar a eclosão da sabedoria.

Buda e o Caminho da Vida Diária

Muitas são as abordagens religiosas e filosóficas que nos ajudam a superar as dores e dificuldades da existência, fomentando o nosso desenvolvimento espiritual. Cada escola representa um temperamento e um nível de compreensão diferente. A tradição budista, em especial, nos proporciona bom número de guias eficazes. Há, em primeiro lugar, o exemplo do próprio Buda. Renunciando a uma vida principesca com todo o seu conforto e poder, ele saiu pelo mundo à procura da verdade sobre o sofrimento e o ciclo de nascimentos e mortes. Usando como ferramentas sua mente e seu corpo, ele explorou a sua própria natureza e descobriu como se tornar espiritualmente livre. Sua iluminação demonstrou que todas as pessoas podem atingir o estado que ele atingiu.

Em segundo lugar, essa tradição abarca um sistema de psicologia e prática espiritual desenvolvido ao longo de milhares de anos. O budismo enfatiza muito a importância da maneira com que encaramos as situações da vida diária. As vertentes tibetanas do budismo, como outras tradições tântricas, enriquecem a tecnologia do despertar com métodos que transformam nossas experiências e emoções em energias criativas, as quais fomentam o crescimento espiritual. Isso conduz aos mais elevados estados de consciência.

O budismo é uma abordagem científica do trabalho espiritual. Os ensinamentos do Buda salientam a autoconsciência crítica. Somos instados a reavaliar todas as lições e conselhos espirituais à luz de nossa própria experiência e observação. Buda dizia:

> Não acrediteis numa coisa apenas por tê-la ouvido. Não acrediteis em tradições só porque foram transmitidas de geração em geração. Não acrediteis em algo simplesmente porque está contido em vossos livros religiosos. Em nada acrediteis unicamente pela autoridade de mestres e anciãos. Mas após a observação e a análise, ao concluirdes que alguma coisa condiz com a razão e leva ao benefício de todos, então aceitai isso e vivenciai-o.

No budismo, a compreensão apenas como exercício intelectual não tem valor algum, a menos que ela transforme a nossa vida. A verdade não é algo para ser aprendido, ela é o reconhecimento da natureza da realidade vivenciado em todos os níveis do nosso ser, das células que nos constituem aos limites extremos da imaginação. Desse ponto de vista, o sofrimento existe porque somos condicionados pela ignorância, pelo medo, pela necessidade. Estribados nesse condicionamento, combatemos o mundo em busca da liberdade de ser o que somos. Julgamos que o alívio jaz fora de nós mesmos e deve ser arrebatado ao mundo.

Robert Thurman resume o caminho budista da seguinte maneira:

> Podemos quebrar o ciclo cultivando a sabedoria crítica por meio da investigação da realidade do eu e do universo. Sistematicamente, podemos superar a ignorância olhando através da ilusão do "eu" separado e do universo como alteridade objetiva. Descobrimos que tudo está livre de qualquer *status* intrínseco, que não há um eu a ser aprendido nem um universo real que apreende, e, também, que não existe um estado de liberdade transcendental. Livres da ilusão do "eu", não nos preocupamos mais com nós mesmos — e nos capacitamos a interagir, com desprendimento, com os semelhantes. Livres para interagir sem egoísmo, não mais vivenciamos a interação como sofrimento; tornamo-nos aptos a tudo experimentar com alegria.

Neste livro, inspirado no budismo, analisamos as maneiras pelas quais nossos pensamentos e sentimentos se cristalizam sob a forma de preocupações emocionais. Apresentamos um método para desenvolver a compaixão e para usá-la como um caminho para nos livrarmos da dor dessas fixações — caminho que conduz ao crescimento e a uma vivência sem medo.

Pausa para Reflexão

Antes de prosseguir a leitura, sente-se calmamente e reflita por um momento sobre como seria, para você, não ter preocupações pessoais durante as atividades do dia-a-dia. Que tal se você estivesse livre de inquietações quanto ao passado, ao futuro, às suas necessidades e à sua auto-imagem, no convívio com os familiares, com os amigos, com os colegas de trabalho, com os estranhos? Como você se sentiria agora e com o passar do tempo? De quais sensações do seu corpo você está consciente? Como você se veria e veria o mundo?

Encerre a reflexão deixando que as idéias a respeito desse assunto se dissolvam no espaço ao seu redor e tome consciência do seu desejo de ser livre e feliz.

Por que Compaixão?

A compaixão é um elemento vital para nos livrarmos das garras das inquietações. Quando nos damos conta de nosso anseio por liberdade e felicidade, percebemos que os outros também perseguem os mesmos objetivos. Compreendemos que as suas lutas são idênticas às nossas próprias tentativas de evoluir e gozar a vida; sentimos que a humanidade está unida. A consciência dos nossos desejos e esforços comuns, bem como a força dos laços que nos unem aos semelhantes, fertiliza o nosso próprio desenvolvimento espiritual.

"Abrir o coração da compaixão" significa tanto expandir a energia do centro de consciência localizado no coração quanto desvendar a natureza da compaixão. Concentrando-nos no centro do coração (bem no meio do peito), tornamo-nos mais aptos a nos relacionar com mais naturalidade, tanto com nós mesmos quanto com os outros. Trabalhar com plena consciência a energia e com a percepção desse centro ajuda-nos a vencer a perplexidade e a necessidade, abrindo-nos para sentimentos de plenitude, amor e integração.

Esse processo também libera a essência da compaixão. Compaixão não significa piedade ou simpatia pelo sofrimento alheio, nem é o mesmo que sentir a dor dos outros como se fosse a nossa. Quando temos compaixão, nos preocupamos sinceramente em proporcionar felicidade aos nossos semelhantes, libertando-os de seus sofrimentos. Assimilamos a dor dos outros com a convicção de que ela provém do medo, da ansiedade, da ignorância. Só conseguimos fazer isso francamente depois de superar as ilusões e fixações de tal maneira que a natureza essencial e a energia vital, que buscavam expressão nas formas de sofrimento, fiquem livres da opressão de nossos próprios hábitos.

A compaixão não é apenas o resultado da intuição e da compreensão: é ela própria um caminho para a liberdade. A compaixão é a resposta natural e espontânea de um coração aberto. Além disso, somos mais férteis e intuitivos quando ajudamos os outros do que quando só nos preocupamos conosco. A compaixão — zelo pelo bem-estar e felicidade dos semelhantes — pode nos tirar de nossos mundos isolados de sofrimento e nos revelar as causas desse sofrimento.

A sabedoria da compaixão — a compreensão da nossa natureza e da confusão básica do sofrimento — brota depois que nos abrimos inteiramente para o desconhecido e aprimoramos o inabalável conhecimento da nossa liberdade. A natureza essencial da compaixão se desenvolve à medida que cultivamos a equanimidade, que envolve todas as experiências e todos os seres humanos. A compaixão é a base para compartilharmos o dom da vida e edificarmos um mundo mais humano.

Motivação: o Primeiro Passo

O cultivo da compaixão começa com duas motivações. A primeira é o desejo compassivo de aliviar os nossos próprios sofrimentos, os sofrimentos dos outros e os do mundo. A segunda é o empenho em ver a realidade com lucidez, em observar como os fenômenos se manifestam e em descobrir como expressar a nossa natureza essencial. Todos possuímos o potencial da compaixão ilimitada e a capacidade para suscitar nos outros esse potencial.

Nossas vidas mudam quando compreendemos que nada mais é necessário e que "manifestar-se" constitui uma contribuição para o processo da vida. Considere por um momento que o seu nascimento foi uma demonstração de vida em proveito de si mesma, por intermédio de você enquanto tal, e que você pertence exatamente a este mundo, neste exato momento.

Suas ações podem ser entendidas como participação. Pergunte a você mesmo qual é a natureza e a conseqüência de sua participação.

Nós somos o ambiente em que os outros vivem. E podemos nos decidir a atribuir um propósito ao modo como nos manifestamos.

Prática Espiritual

As práticas espirituais destinam-se a ajudar-nos a atingir o nosso estado natural de relaxamento e a perceber o nosso brilho. Graças ao trabalho espiritual, podemos perceber o brilho em todos os seres, desenvolver nossa capacidade de aceitar o desconhecido, render-se a ele, e aprimorar conscientemente as nossas habilidades físicas e energéticas. Temos em mira manifestar uma presença compassiva, sábia e fecunda mediante a abertura e remanejamento de nossos hábitos tanto físicos quanto mentais.

Mente

A mente é muito mais que pensamentos e capacidades mentais. No cerne desses fenômenos está a energia vital que, franca e ativamente, está disponível em todos os momentos. Precisamos transcender as preocupações e vaidades rotineiras a fim de desvelar essa mente mais sutil e mais livre, há tanto obscurecida. Mente, no sentido espiritual, é consciência, uma forma não-física de energia. Ela é por natureza lúcida e reflete tudo o que vivenciamos, como se fosse um espelho. E, tal qual um espelho, não se contamina pelas imagens, sempre mutáveis, que passam à sua frente, não importa quão dramáticas e impressionantes elas sejam. À diferença do cérebro, que tem pensamentos e sensações, a mente não é uma coisa, mas um espaço dentro do qual todos os pensamentos, sensações, sentimentos, percepções, lembranças e sonhos vêm à luz. A mente engloba experiências conscientes e inconscientes; ela é o aspecto que podemos captar dos fenômenos da nossa experiência.

A mente é como o oceano. Assim como as ondas da superfície se mostram agitadas enquanto a água das profundezas está calma, assim os pensamentos, emoções e experiências que formam a superfície da mente obscurecem a sua natureza fundamentalmente serena e translúcida. Queremos experimentar essa serenidade e transparência, e nos livrar da preocupação com a superfície de nossas mentes oceânicas. Começamos a aprimorar essas qualidades quando fazemos uma pausa na nossa rotina mental e emocional. Em seguida, recorrendo aos métodos da meditação, aprendemos a mergulhar abaixo de nossas mazelas diárias e a penetrar as qualidades profundas que jazem sob as emoções.

Para descobrir e vivenciar essas qualidades, não é preciso que nos tornemos alguém ou algo mais: basta que sejamos seres humanos e atuemos nos limites das experiências humanas.

A mente, não sendo uma coisa, é essencialmente vazia. O termo "vazio" não significa que ela não contenha nada; ele se refere às qualidades de abertura e espacialidade onde todas as coisas vêm à luz.

Visão

Ao abordar a prática da meditação e o desdobramento do nosso fluxo habitual de pensamentos, sentimentos e ações, convém nutrir para conosco e para com nossas experiências uma estreita amizade. Essa amizade não deve se basear na simpatia por nossas realizações passadas ou na esperança de um futuro melhor. Ela tem de brotar da nossa experiência direta com o sentido e da energia de cada momento. Essa atitude gera uma sensação de paz e satisfação que nos possibilita abranger todo o campo de nossas experiências.

Um dos obstáculos a esse relacionamento amistoso é o fato de estarmos condicionados à idéia de que a vida é, por natureza, problemática. Essa crença reflete o nosso anseio profundo de·superar a sensação de separação e mal-estar. Para escapar dessas sensações não é preciso perder a consciência individual, nem encontrar uma explicação para todas as nossas experiências anteriores, nem a dissolução num oceano cósmico. Em vez disso, devemos aprender a ver as coisas como algo completo neste exato momento.

Para entender esse modo de ver, temos de considerar o espaço como algo inacabado. É possível conceber tal fenômeno? Tente imaginar, em termos de mundo físico, um próton defeituoso. Tente imaginar um elétron, um átomo, uma molécula inacabados. Essas coisas farão algum sentido? Só podemos considerá-los defeituosos ou inacabados se projetarmos a idéia de como gostaríamos que eles fossem. No entanto, prótons, elétrons, átomos e moléculas são simplesmente o que são, na forma ou processo em que se encontram. Fisicamente, somos compostos de espaço e partículas atômicas. Isso se aplica ao mundo físico, a nós e aos outros. Seu espaço e suas partículas não diferem dos nossos, os nossos não diferem dos deles.

Nós somos apenas "o que somos", não importa o que pensemos ou sintamos a respeito, o que os outros possam achar ou dizer, nem que experiências tenhamos vivido. Nossa presença no mundo é, a cada instante, a expressão do nosso ser. Isso não é nem bom nem mau, nem perfeito nem imperfeito: apenas é.

Quando vemos as coisas como elas são, somos capazes de imaginar a nossa experiência como uma montanha: uma montanha simplesmente é, não necessita de avaliação, nem exige mudanças. Dessa maneira, a nossa amizade com a experiência torna-se incondicional e o que quer que aconteça só serve para dar corpo ao senso de existência e plenitude.

Podemos atingir o estado natural de relaxamento *agora mesmo* e percebê-lo em todo o seu frescor, vivacidade e integridade. Nada é preciso, nada precisa ser eliminado. Até o fardo da nossa falta de lucidez e sofrimento pode tornar-se mais leve quando atravessamos o escudo de nossas esperanças e medos para alcançar a energia da experiência direta. Em tais momentos, a consciência é límpida, aberta e total — não toldada pela expectativa, não obscurecida pelo desapontamento, não fragmentada pela resistência.

Meditação

Um dos objetivos da meditação é acolher a nossa natureza como uma presença bem-vinda e grata que brandamente irradia as qualidades essenciais da plenitude e também ajuda os outros a reconhecerem-na em si mesmos. Para tanto, abrimos o coração a todos os seres, permitindo que o amor e a compaixão fluam para eles sem limitação nem avaliação.

Não é nada fácil subjugar a mente e adestrá-la para servir ao momento que estamos vivendo de maneira aberta e jovial. (O termo "momento" não se refere a uma unidade de tempo, mas a um aspecto da consciência.) A prática da meditação envolve todo o espectro de nossas experiências, das mais intensas, como a cólera, o pânico e o desejo, às mais suaves e sutis, como as dos momentos de tranqüilidade. Inclui processos intelectuais, emoções, lembranças, sonhos, sensações e energias.

A meditação exige, para começar, que façamos uma *pausa* e interrompamos o fluxo habitual de pensamentos, sentimentos e ações. Nós nos *abrimos* para o desconhecido, *refletimos* sobre as maquinações da mente e a natureza da realidade, *incorporamos* e canalizamos a consciência e a energia que surgiram nesse processo, e, finalmente, *irradiamos* o produto de nossos esforços.

O objetivo da meditação é despertar nossa alegria de viver, aplicá-la na experiência direta e intuitiva da realidade, momento a momento, e transmitir isso ao mundo. É o que chamamos de "presença iluminada".

As práticas de meditação assumem diversas formas. Umas empregam uma parte da mente para observar, analisar e trabalhar a outra parte dela; outras requerem a concentração num objeto ou nos movimentos do corpo; algumas enfocam a compreensão de um problema pessoal e tentam perscrutar sua origem e natureza. Há formas, ainda, que envolvem a visualização de seres, objetos e lugares que despertam e estimulam qualidades dentro de nós. Finalmente, existem meditações cujo objetivo é entrar em contato com algum tipo de sabedoria interior do nosso corpo ou da nossa mente.

A palavra tibetana para meditação, *sgom*, significa literalmente "tornar-se familiar" ("familiar" no sentido de "como se fosse uma família"). As várias técnicas de meditação conduzem-nos a um relacionamento amistoso com a nossa própria mente, com os outros e com o mundo. Estar presente e ser familiar é um estado de espírito. Embora possa ser mais fácil se sentir presente e integrado quando se está calmamente sentado num lugar tranqüilo, esse estado pode ser incorporado a qualquer atividade ou situação, como caminhar, trabalhar, cozinhar, comer, ouvir e dormir. Aliado ao cultivo perene do crescimento e da atividade consciente, esse estado traz muitos benefícios a curto prazo. Fugimos aos velhos padrões e ficamos mais descontraídos. Depois de nos livrar de uma auto-imagem constritiva, desenvolvemos um relacionamento mais fácil e positivo com nós mesmos. Aprendemos a vivenciar o mundo de forma mais direta e, assim, descobrimos nele mais riquezas.

O Sorriso Interior do Centro do Coração

Uma meditação simples que desenvolve o relacionamento amistoso com nós mesmos é o exercício do *sorriso interior*, a partir do Centro do Coração. Nessa técnica, disseminamos energia radiante transferindo a atenção de uma parte do corpo para outra e criando assim um fluxo de sensações ao longo do corpo. Ao mesmo tempo, estabelecemos contato com as nossas aspirações e intenções — com o nosso "objetivo". Este imprime aos esforços que fazemos um rumo determinado e sintoniza os nossos recursos com as nossas aspirações.

1. Comece a meditação concentrando-se nas palmas de suas mãos ou no movimento da respiração. Deixe que o corpo e a mente mergulhem nesse processo até você se sentir relaxado e alerta. Em seguida transfira a atenção para o Centro do Coração.
2. No Centro do Coração, sinta seu desejo de se tornar livre agora, em plena meditação, equilibrando o seu vigor para benefício próprio e dos outros. Estabeleça contato com outros objetivos adicionais, sentindo a intensidade do seu propósito.
3. Acolha no Centro do Coração o Divino, o seu mestre, outros mestres, divindades e forças benfazejas, e também o desconhecido; sinta o crescente esplendor de suas presenças.
4. Espalhe o brilho do coração através do corpo, como um sorriso interior. Isso faz lembrar um banho de sol de dentro para fora, com o seu objetivo luminoso situado, como o sol, no coração.

   a. Começando pela testa e pelo alto da cabeça, sinta a sensação da radiante energia do *objetivo* fluindo pela parte superior do crânio e em cada região do cérebro.
   b. Espalhe essa energia para os bordos externos dos olhos.
   c. Faça o mesmo com o nariz, com as faces e com os ouvidos.
   d. Agora espalhe essa energia para a língua, a boca e as mandíbulas.
   e. A seguir, para a garganta, o pescoço e o peito, inclusive o timo e os pulmões.

f. Encha o fígado, os rins e as glândulas supra-renais com a radiante energia do *objetivo*.

g. Espalhe-a por todos os órgãos da cavidade abdominal (estômago, intestinos, pâncreas, baço e órgãos sexuais).

h. Dissemine a energia por todo o corpo de modo que ele sinta e irradie o sorriso interior — cada órgão, cada músculo, cada osso, cada nervo, cada célula.

2

A Busca da Iluminação ao Longo das Seis Esferas do Sofrimento

> O alcance do que pensamos e fazemos
> É limitado pelo que deixamos de observar.
> E porque deixamos de observar
> *Isso* que deixamos de observar,
> Pouco resta a fazer
> Para mudar
> Até observarmos
> Como o deixar de observar
> Molda os nossos pensamentos e ações.

Daniel Goleman, *Vital Lies, Simple Truths*

> Em definitivo, a razão pela qual o amor e a compaixão proporcionam o máximo de felicidade é que a nossa natureza os estima acima de tudo.

Tenzin Gyatso, décimo quarto Dalai Lama

Quando rimos de nossas próprias loucuras, quando nos sentimos cheios de excitação num circo ou quando estamos absorvidos pela beleza de um pôr-do-sol podemos descobrir a nossa própria capacidade para superar o sofrimento. Durante essas experiências, atingimos a nossa bondade básica, a nossa radiância natural e o nosso potencial para a felicidade. A liberdade do humor, o brilho da excitação e a beatitude da contemplação são inerentes a nós e podem ser desenvolvidos por meio de um trabalho consciente. Não precisamos ser consertados; não precisamos ser salvos — e não precisamos merecer a iluminação. Não nascemos em pecado, condenados à danação eterna ou de algum modo defeituosos. O potencial para a iluminação e a liberação do sofrimento nasceu conosco, mas exige que exploremos, fomentemos e trabalhemos a nossa consciência e energias.

Destinados a Crescer

Estão incluídas no projeto humano as capacidades inerentes à mente e ao corpo, como também os instintos de crescer, relacionar-se e criar sentido. Estão incluídas também habilidades que só emergem depois de atingirmos certo grau de evolução. Saber como chegar lá e desenvolver as qualidades que ativam o crescimento é a chave da felicidade. Assim como a semente contém em si o projeto do carvalho, nós também trazemos conosco os ingredientes necessários para alcançar a maturidade espiritual. No entanto, a menos que receba alimento suficiente e seja lançada em solo onde possa criar raízes e vicejar, a semente se tornará comida de esquilos e não um carvalho. Sua força provirá tanto dos desafios do ambiente quanto da riqueza do solo.

Nosso espírito cresce no solo de nossas experiências conscientes e retira nutrientes das energias e lições dessas experiências. Mas para extrair esses nutrientes é necessário domar a mente e remodelar as reações emocionais do nosso corpo. À medida que ganhamos sabedoria para ver através de nossas inquietações, vamos criando as condições para expressar a felicidade. Abrindo-nos para os outros, promovemos o sentimento de integração. Vivendo a vida em vez de estancá-la, percebemos como a vida é um dom precioso.

Isso não fará o mundo mudar de repente, passando a nos devotar atenção e carinho especiais, nem nos concederá um presente enviado do céu. No entanto, desenvolveremos o sentimento da Graça, um tipo de gratidão pelas forças que atuam em nós, em todos os seres e em todos os fenômenos.

A Escolha entre a Luta e a Radiância

Graças a esse processo, temos vislumbres e em seguida a plena constatação da radiância fundamental que somos e sempre fomos. Portanto, constatações e lutas formam a base da compaixão. A compaixão enquanto experiência, qualidade de ser e meio de relacionamento com os outros é também parte do projeto humano. O potencial para a compaixão cresce e amadurece ao longo do processo de viver, lutar e, por conseguinte, expandir a consciência. Por meio de nossas próprias experiências, aprendemos algo sobre a experiência humana como um todo. À medida que a compaixão aumenta, aumenta também o nosso sentimento de ligação com os nossos semelhantes — e cresce a nossa capacidade de nos relacionarmos com sinceridade.

Como Lidar com o Sofrimento

O caminho para o crescimento, a conexão e a liberdade começa quando reconhecemos o nosso próprio sofrimento. Todas as tradições espirituais acreditam que a vida envolve sofrimento. Ele não é a dor em si, mas um tipo especial de dor: é um doloroso sentimento em relação à dor. A dor do sofrimento é uma atitude acrescentada à nossa experiência direta, e isso nos faz sentir ameaçados, abatidos, frustrados ou coléricos.

O sofrimento brota da nossa identificação com os nossos papéis, posses, imagens sociais e auto-imagem, aos quais nos apegamos. Quando sofremos, a nossa liberdade natural para gerar possibilidades e aceitar o desconhecido fica limitada pela imagem de um eu separado, composto de experiências passadas e a auto-imagem atual. A esperança de que o sentimento do nosso eu separado sobreviva, aliada ao medo acerca de sua inevitável extinção, lança-nos num círculo vicioso de fascinação e lutas. Nele, apegamo-nos a qualquer possibilidade de solidez, combatemos toda ameaça à nossa identidade e ignoramos o que quer que nos pareça emocionalmente inconveniente.

Enquanto pensamos, sentimos e agimos como se fôssemos uma identidade separada, um "eu" a quem as coisas acontecem, percebemos a vida como algo limitador e temível. Tudo parece uma fonte em potencial de dor: mesmo aquilo que nos dá prazer já traz em si o receio de sua perda. Apartamo-nos dos outros e da vida erguendo muralhas de insegurança, medo e indignação.

O sofrimento toma várias formas. Podemos projetá-lo quando tememos um acontecimento iminente, ou podemos nos debruçar sobre ele depois de uma perda pessoal. E ele também pode agir às ocultas no nosso inconsciente, manifestando-se como negação ou embotamento em face da experiência direta. O sofrimento às vezes é tão habitual que se torna o tema musical da história de nossa vida, o filtro através do qual percebemos a nossa experiência.

A Atitude do Coração

Ao pensar que somos o nosso corpo, a nossa mente e os nossos sentimentos, inventamos uma história para nos sentirmos ameaçados, carentes e feridos. Essas identificações constituem idéias erradas a respeito do que realmente somos. São ilusões que exigem de nós proteção, cuidado e satisfação.

Nossas identificações e nossas reações a elas determinam a postura que assumimos perante a vida e o sentimento que temos da realidade. Aquilo que achamos ser real a nosso respeito e a respeito da vida é a "atitude do nosso coração". Engloba o que inconscientemente pensamos que somos e o que nos sentimos compelidos a aceitar como verdadeiro em relação à vida. As atitudes do nosso coração conduzem-nos na direção de tudo o que consideramos real — e não cessaremos de buscar evidências que apóiem essas crenças até que a nossa experiência se conforme a essa realidade. Se achamos que a decepção e a mágoa são reais, continuamos a forçar a situação até sentirmos mágoa e decepção. Se achamos que o perigo é real, esmiuçamos indícios de ameaças em nosso ambiente e relacionamentos. Se achamos que a gratidão é real, sondamos a nossa experiência até sentirmos gratidão.

As atitudes do coração determinam o ponto de vista que assumimos a respeito do que somos e do que precisamos fazer. Elas são também o crivo pelo qual julgamos a nós mesmos e avaliamos a importância do que aprendemos.

A Busca da Felicidade e da Integração

Na nossa ânsia de felicidade, de um sentimento seguro de integração e de conexão, procuramos satisfação numa atividade após a outra, numa experiência após a outra, num relacionamento após o outro, num emprego após o outro, num livro após o outro, num lugar após o outro. Dançamos, estudamos, apaixonamo-nos, casamo-nos, temos filhos, compramos casas, carros, aparelhos de som e computadores, saímos de férias, passeamos no campo. Alguns buscam o caminho da ioga, do T'ai Chi e da meditação na tentativa de descobrir algo que os torne felizes e livres do sofrimento.

Não há nada de certo ou errado com essas coisas, que aliás constituem grande parte das atividades de nossa vida. O problema é que encaramos a profissão, o casamento e as nossas posses como se encerrassem a possibilidade de nos fazer felizes. No entanto, embora sejam temporariamente gratificantes, nenhum deles perdura. Como tudo o mais neste mundo, transformam-se e desaparecem. Sentimo-nos inquietos com essa impermanência. Nossos próprios sentimentos mudam em face de novos desejos e ficamos descontentes com o que possuímos. Por fim, enchemo-nos de dúvidas até em relação àquilo pelo que lutamos.

A insatisfação é também despertada pelo ímpeto de nossa busca. No âmbito da busca, não apenas deixamos de considerar as coisas gratificantes por natureza, como também nos habituamos a buscar. Quando buscamos, sentimos a tensão entre o que queremos e o que possuímos. Fragmentamos a nós mesmos suprimindo impulsos e sentimentos que não nos auxiliam na busca.

Assim, transformamos o êxito da busca num pré-requisito para vivenciar a lucidez, a felicidade, a paz, a alegria, transformando em penhor aspectos fundamentais da nossa existência. Transformando a existência no prêmio da busca, passamos a racionalizar e a motivar essa busca. Suprimimos e dissociamos a felicidade atual, "sabendo" que só seremos verdadeiramente felizes quando alcançarmos o nosso objetivo. Temos de mentir a respeito do fato de que nós mesmos é que ligamos a felicidade ao objetivo. Nós a mantemos ali como refém, esperando, num futuro próximo, resgatá-la heroicamente.

Não raro, a breve gratificação que experimentamos com uma realização é apenas um relaxamento temporário da tensão que nos parecia necessária na busca. Porém, até essa sensação de conforto nos é estranha. O hábito de buscar se reafirma, em parte devido ao ímpeto da nossa busca passada, em parte pela sensação de que a agitação para conseguir alguma coisa nos é familiar.

A Armadilha

Também nos sentimos apanhados pela impossibilidade da nossa situação. O desejo de provar o próprio valor é continuamente frustrado pelos métodos que usamos nessa valorização. Criamos armadilhas para nós mesmos. Por exemplo, se tentamos manipular as pessoas amadas para que nos amem incondicionalmente, procurando parecer atraentes e interessantes, ficamos impacientes à espera da sua reação. Procuramos descobrir se a manipulação funcionou. Se a reação for positiva, receamos que elas só nos amem por causa dessa manipulação; caso contrário, concluímos que elas não nos amam incondicionalmente. Ansiamos por saber se o seu amor é eterno, embora acreditando que ele talvez não dure. Somos apanhados numa armadilha semelhante à que Joseph Heller descreveu em *Catch-22*:

> O enigma especificava que a preocupação com a própria segurança em face de perigos reais e imediatos era um processo da mente racional... Orr seria louco se saísse em mais missões de vôo e são se não o fizesse; no entanto, se fosse são, teria de voar. Se voasse, seria louco e não precisaria fazê-lo; mas se não quisesse voar, seria são e teria de voar.

As Esferas da Fixação

Quando analisamos nosso modo habitual de pensar, de sentir, de agir e de buscar, percebemos que, de fato, ele formou uma *gestalt*, um meio mais ou menos coerente de perceber a realidade e comportar-se com base nessa percepção. Cada configuração de hábitos é como viver num mundo de fantasia diferente. Por exemplo, em uma delas tudo nos evoca a perda — tudo nos lembra a perda, nos parece desinteressante e vazio de sentimento; em outra, tudo evoca a emoção da cólera e nós sentimos o acicate da dor, percebemos cada palavra como um alarme e degustamos sangue naquilo que nos cerca. Cada um desses mundos habituais de dor e fixação é chamado uma "esfera".

Numa dada esfera, vemos o mundo, não como ele é, mas como nós somos. Cada esfera é baseada nas tensões, ações e reações conhecidas como "karma". Elas dão forma ao modo como sentimos e pensamos que somos, e nós percebemos o mundo como uma projeção de nosso próprio pensamento. Cada esfera, enquanto meio básico de perceber a realidade, descreve uma "visão kármica" específica.

As esferas geram atitudes emocionais que condicionam o nosso sofrimento. São estilos de vida por meio dos quais nos relacionamos com o nosso ser, com os outros e com o ambiente.

Em muitos templos budistas dos reinos do Himalaia vêem-se impressionantes representações pictóricas das seis esferas "samsáricas" (*samsara* é a experiência da mudança constante, da lei de causa e efeito). Embora consideradas às vezes uma imagem do ciclo de nascimentos, razão pela qual assumem a forma de uma roda, os segmentos ilustram também os seis tipos principais de preocupação cega que permeiam a nossa existência no mundo.

A preocupação de cada esfera é uma contração emocional — um recuo ou fuga diante da mudança, em vez de uma abertura para a vida e para a experiência do "agora". O nome das esferas são traduções livres do sânscrito e as características de cada esfera indicam as tendências desvirtuadoras desse tipo especial de contração emocional.

As seis esferas são:

1. a *animal*, concernente ao território, ao perigo e ao desejo de permanecer num estado de confortável estupor;
2. a do *inferno*, concernente à virtude, à cólera originada do senso de vitimização e à impaciência diante da natureza imprevisível do mundo;
3. a dos *pretas* ou dos *fantasmas famintos*, concernente ao que falta ou é insuficiente, e às comparações com um passado idealizado e com pessoas idealizadas;
4. a dos *titãs*, concernente à inveja do que os outros possuem, com um sentimento de merecimento frustrado e de uma luta constante;
5. a dos *deuses*, concernente à vaidade, ao orgulho, à intoxicação por experiências fabricadas e à indiferença pelos outros; e
6. a *humana*, concernente ao esforço em adquirir experiência, encontrar certezas e controlar o futuro por meio da compreensão e do planejamento.

Ao longo do dia, podemos sentir as emoções e preocupações de todas as esferas, desde a sensação de perigo característica da esfera animal até o orgulho da esfera do deus. Entretanto, vivemos mais numa dada esfera,

A Roda da Vida

ou conjunto particular de esferas, o que nos atribui um estilo especial de desequilíbrio ou fixação que constitui a nossa base domiciliar.

Podemos notar que uma ou outra dessas fixações é sempre mais significativa do que as outras nesse sentimento de nós mesmos e em nossos sentimentos a respeito do que precisamos fazer para nos tornarmos completos e perfeitos. Podemos descobrir que formamos pelo menos uma identidade a partir dessas preocupações e que empreendemos a busca a fim de conseguir, como adultos, aquilo de que sentíamos falta enquanto jovens. Essa falta seria de aprovação, amor, segurança, certeza da realidade ou atenção. Talvez descubramos que empreendemos essas buscas no trabalho, nos relacionamentos, nas amizades, nas investigações de ordem espiritual. Semelhantes preocupações obscurecem a realidade e sacrificam a nossa experiência direta da vida.

O Questionamento de Nossas Conclusões

Ao descobrir que atrelamos a nossa vida à nossa busca, passamos a questionar a maneira como vemos as coisas e nos perguntamos se as conclusões tiradas acerca de nós mesmos e do mundo são realmente verdadeiras. Aventamos a possibilidade de que a nossa visão e os modos de nos relacionarmos sejam criados, não pelo mundo, mas pela nossa mente. E talvez tenhamos a sensação de haver malbaratado a vida, devotando-a a objetivos sem nenhum valor.

A essa altura, pode ser que nos sintamos desesperançados e até propensos ao suicídio. Na realidade, porém, esta é uma boa oportunidade para reconsiderar a vida. O que precisa acabar é o velho modo de levar vida, não a vida em si.

O ato de questionar a forma como investimos a nossa vida revela uma preocupação com a avaliação e a presença real de alguém capaz de avaliar. Nosso questionamento interrompe as reações inconscientes e ajuda-nos a refletir a respeito de nossos padrões habituais.

Por meio de uma auto-observação disciplinada, concluiremos que não somos esses padrões, essas buscas, essas preocupações, essas realizações. Usamos a capacidade de discernimento para observar as fixações que a mente criou e que o corpo manifesta. Nossa reflexão atravessa os artefatos mentais com a agudeza de um raio *laser*. Concluímos então que, talvez, a vida não precisa ser uma luta sem sentido.

Sofrer para Crescer

Por meio de um trabalho consciente, usamos as preocupações, as vaidades, as fixações, os danos e as buscas como um caminho para o amadurecimento. Os comportamentos rotineiros e as histórias habituais que os embelezam e justificam tornam-se uma oportunidade para exercitarmos a lucidez e expandirmos a atenção. Podemos abordar o sofrimento recorrendo à descompromissada disciplina da auto-observação. Conscientemente, examinamos quão inconscientes e mecânicos nós somos. Desenvolvemos a calma vigilante e descobrimos que as preocupações que nos constrangem não têm nenhuma realidade ou verdade inerente. Vemos com clareza como essas preocupações surgiram no passado e continuam a surgir no presente pelo fato de projetarmos, sem cessar, as nossas preocupações e a nossa sensibilidade em cada nova situação.

Por exemplo, se a nossa mãe ralhava conosco e jamais nos compreendia, talvez suponhamos que ser compreendidos nos faz sentir mais reais e mais estáveis. Podemos, então, buscar compulsivamente a aprovação de amigos, cônjuges ou colegas. Quando vivemos com plena consciência, percebemos que a energia subjacente à nossa procura compulsiva e ao nosso fracasso frustrante em ter o próprio valor reconhecido era, e ainda é, a expressão do nosso amor pela plenitude. Se concluirmos que não precisamos provar o nosso valor para viver e nos sentir perfeitamente bem, renunciamos às pretensões e esforços para ser o que não somos.

Atenção, Concentração e Discernimento

Uma base simples mas eficaz para o trabalho consciente é a focalização intencional da atenção. Essa prática acalma a mente, melhora a concentração e traz discernimento aos nossos pensamentos e sensações. Ela monta uma plataforma de atenção secundária a partir da qual podemos praticar a auto-observação.

Sente-se com as costas retas e o corpo descontraído. Tenha em mente o objetivo da sua meditação e concentre a atenção nele até o final desse exercício. Respirando suave e ritmicamente, focalize a atenção na palma de uma das mãos. Perceba as sensações ali localizadas, como o frio ou o calor, a textura ou o movimento do ar, o movimento da energia no interior da mão. Sinta a mão em contato com o ar e o ar em contato com a sua mão. Sinta a energia que emana da palma. Mantenha nela a atenção, monitorando constantemente o fluxo e a presença das sensações. Se pensamentos surgirem, deixe-os ir sem lhes dar importância ou julgá-los, sempre focalizando a atenção secundária na palma.

Enquanto isso, repare em sua respiração, nos sons interiores e exteriores, nas imagens que lhe brotam na mente. Note que você é capaz de prestar atenção em duas coisas ao mesmo tempo. A atenção constante deve estar concentrada nas sensações da palma, o resto deve vir e ir.

Imagine que você é um lago de águas plácidas no qual os pensamentos e sensações estouram como bolhas na superfície ao defrontarem com a limpidez do céu. Elas vêm e vão a todo instante enquanto você continua a ser o lago. Considere as esperanças, planos, frustrações e expectativas como outras tantas bolhas que desaparecem ao chegar à superfície de sua consciência.

Pratique essa meditação por dez minutos, dilatando o prazo à medida que for aumentando a sua capacidade para permanecer sentado e absorto. Ela também poderá ser feita com a atenção focalizada nas narinas e na textura do ar quando entra e sai durante a respiração.

Em suma, desenvolver o verdadeiro discernimento significa familiarizar-se com os próprios estados mentais e aprender como os pensamentos, atitudes e sentimentos engendram a dor e o sofrimento. As idéias e técnicas apresentadas neste livro abeberam-se numa longa tradição e podem ajudar-nos a cultivar a lucidez e as energias que dão brilho e felicidade à vida.

Nos capítulos seguintes, penetre conscientemente na mitologia e em cada esfera como se fossem a sua própria casa. Sinta como é viver dentro desse esquema mental e reconheça esses padrões em sua própria vida. Observe o que existe ali, as reações que surgem e as possibilidades criativas que podem ser descobertas mediante um trabalho consciente. Se descobrir que está enraizado num estilo em particular, analise como os outros se relacionam com ele e fazem com que você se identifique com os atributos do primeiro. A identificação inconsciente é fonte de sofrimento. A identificação consciente desenvolve a nossa capacidade de observação e nos liberta da constrição do passado e dos hábitos adquiridos.

3

Avalokiteshvara
O Mito do Grande Compassivo

> A sede da alma é onde os mundos interior e exterior se encontram.
>
> Novalis

> O que buscamos é a experiência de estar vivos, para que nossa vivência no plano puramente físico tenha ressonância no mais íntimo do nosso ser e na realidade. Dessa forma, sentiremos verdadeiramente o êxtase de estar vivos.
>
> Joseph Campbell

O mito de Avalokiteshvara, o grande Bodhisattva (alguém que se dedica a aliviar os sofrimentos de todos os seres sensíveis), apresenta o ideal da compaixão e o caminho da compaixão de um modo pluridimensional. Os mitos são metáforas apuradas que proporcionam um quadro para a compreensão da experiência. Quando abordamos um mito no nível consciente, a linguagem metafórica que esse mito utiliza fala diretamente ao inconsciente, em níveis diversos.

A Mitologia e o Mundo Interior do Corpo

As histórias e ensinamentos das tradições tântricas nas quais este livro se baseia não podem ser tomados como meras especulações intelectuais, pois perderiam sua força espiritual e gerariam confusão. Joseph Campbell, um dos maiores estudiosos contemporâneos de mitologia, explica assim o "país encantado" do mito: "Do mundo exterior, os sentidos levam imagens à mente, mas elas só se transformam em mitos depois de se fundirem com idéias afins, criadas na imaginação no mundo interior do corpo."

O mito de Avalokiteshvara, como muitos outros, contém fórmulas eficazes para o trabalho íntimo. No entanto, elas só podem ser aplicadas depois que estivermos convenientemente preparados pelas práticas espirituais e aptos a abrir tanto a mente quanto o corpo energético ao ingresso e assimilação dos ensinamentos ocultos nas entrelinhas do mito. A partir daí, as metáforas e símbolos do mito organizarão e orientarão a nossa experiência. Eles desobstruem os canais de percepção e energia que existem em nós, mas isso só ocorre por meio de um árduo trabalho consciente.

Dessa forma, a verdade de um mito depende de sua eficácia enquanto guia para o espaço interior. E o valor dessa orientação é determinado por nosso preparo e pelo uso que nós, praticantes, fazemos de seu material. Na medida em que experimentamos e cristalizamos o trabalho no mito, desenvolvemos novos hábitos de ver, de ouvir e de sentir. Começamos a pensar, a sentir e a agir de um modo novo.

O hábito de trabalhar conscientemente com o mito não apenas nos ajuda a organizar a compreensão do mundo como contribui para incorporarmos o abstrato à nossa experiência concreta. Por exemplo, quando ficamos sabendo que um herói ou uma heroína desce a um antro de desespero antes de voltar à luz com recursos renovados, podemos sentir o nosso próprio abalo quando mergulhamos em nossas emoções. Se fizermos isso de forma consciente, inteirados de que o abalo precede o crescimento, percebemos a vitalidade de nossos sentimentos mais intensos. Experimentamos todas as etapas de nossas emoções — do choque ao alívio e recuperação — e passamos a sentir o frescor de novas experiências tornando-nos permeáveis ao crescimento que se segue. Os mitos descrevem a jornada do herói ou da heroína desde a inocência, passando por perigos e provas, até a recompensa da união, do esplendor e da paz. À medida que a dor pela perda de um parente, de um amigo ou ser amado nos ministra suas lições, vamos galgando os degraus do sofrimento e da recuperação, voltando novamente à vida.

No começo, o mito nos ajuda a compreender algo sobre a natureza da nossa experiência diária, do nascimento, da morte, da mudança e dos laços que nos unem ao mundo. Mais tarde nos damos conta de que, em outro nível, ele nos abre uma janela para experiências que transcendem a nossa vida cotidiana. Ele nos guia rumo à concretização da harmonia, do esplendor, da sabedoria, do amor e da compaixão, não se limitando a, meramente, representar essas coisas extraordinárias no universo mental. Diz Campbell: "A metáfora do mito e da poesia sugere a realidade oculta por trás da aparência visível. A metáfora é a máscara de Deus, através da qual a eternidade há que ser experimentada."

Avalokita, o Grande Compassivo

Mitologicamente, o Grande Compassivo, Avalokiteshvara (Avalokita) — também conhecido como Chenrezig no Tibete, Kuan Yin na China e Kannon no Japão —, é um ser que viveu antes do começo da história humana, atingiu um elevadíssimo estado de iluminação e preferiu trabalhar em benefício dos outros a alcançar o derradeiro e mais beatífico estado. Embora Avalokita não fosse nem macho nem fêmea, é tido por macho na primitiva mitologia budista da Índia; por isso, e tendo em vista os propósitos da lenda, continuaremos aqui a tradição, mas lembrando sempre que a sabedoria não depende do gênero.

Os *Sutras* (antigos textos budistas que contêm diálogos e discursos do Buda) fazem referência a várias histórias a respeito de Avalokiteshvara e sua habilidade em mostrar sapiência e compaixão. O conteúdo deste capítulo e as introduções a cada uma das esferas de sofrimento na Parte II não são traduções, mas trechos livremente recontados de pequenas histórias a seu respeito.

Ao ouvir essas histórias, devemos imaginar que somos um de seus personagens. É especialmente importante que incorporemos as qualidades do Grande Compassivo. Se observarmos e vivenciarmos o mundo como Avalokiteshvara, poderemos transcender a sabedoria e sentir a energia da compaixão.

Nascimento

Avalokita, segundo certas versões, nasceu de um raio de luz emitido pelo olho direito do Fulgor Ilimitado, Amitabha, que é a luz criadora de todo o universo. Ao nascer, imediatamente proferiu as palavras sagradas OM MANI PADME HUM (*Salve, Grande Jóia da Sabedoria no*

Coração do Lótus). Mais tarde, tendo atingido a iluminação, perscrutou com o olho sagaz da sabedoria o sofrimento do universo e disse: "Adquiri inúmeros poderes e, ao invés de despojar-me deles dissolvendo-me na Essência, desejo salvar todas essas criaturas de sua condição de sofrimento, pois não consigo vê-las como diferentes de mim próprio."

A Promessa

Ele lançou o olhar para os muitos mundos de sofrimento e fez um juramento a Amitabha: "Suavizarei a dor de todas as esferas até que o trabalho esteja terminado. Que a minha cabeça se parta como um coco se não o conseguir." Amealhou todos os recursos para atingir esse objetivo.

Avalokita começou sua obra pela esfera do inferno a fim de aliviar o sofrimento dos demônios. Ele se valeu de todas as luzes miraculosas e de todos os sons que conseguiu produzir. Em três dias, seis horas e vinte e três minutos conseguiu limpar os infernos.

Já se dispunha a passar à esfera seguinte, dos *pretas*, quando descobriu que os homens, sozinhos, haviam repovoado o inferno em dois dias, cinco horas e cinqüenta e seis minutos! Esse fenômeno ocorria mais depressa que o seu próprio trabalho incansável e parecia desafiar as suas forças. "É demais! Não sei se poderei enfrentar isso." Avalokiteshvara sentiu-se desencorajado e sem forças para prosseguir.

Nesse ponto o seu pai, Fulgor sem Limites, lembrando-se do voto que Avalokiteshvara fizera, golpeou-o no alto da cabeça. Seu crânio rachou e Avalokiteshvara sentiu uma dor tremenda. Então Fulgor sem Limites lhe disse: "Se quiseres, alivio a tua dor e poderás passar ao Nirvana."

Avalokiteshvara replicou: "Não, não. A dor de cabeça me despertou. Quando volvo o olhar para as esferas, a dor no coração é maior que a dor na cabeça. Por isso, vou conservar esta e continuar trabalhando para libertar todos os seres."

Fulgor sem Limites ficou tão impressionado com a determinação de Avalokiteshvara que lhe bateu na cabeça mais algumas vezes. Cada vez que Amitabha o golpeava, uma nova cabeça aparecia, muitas com três faces. Cada face irradiava o brilho da compaixão capaz de libertar os seres. Como alguns desses seres se mostravam particularmente intratáveis, uma das cabeças perto do topo era a do aterrador Senhor da Morte. Amitabha, então, pôs a sua própria cabeça em cima de todas as outras.

Avalokiteshvara

Para aumentar a sua capacidade, Avalokiteshvara começou a projetar braços. Primeiro projetou quatro, depois seis, depois oito e finalmente mil, qual aura brilhante de infinitos raios. No centro de cada mão havia um olho para ver o sofrimento dos seres, representando a consciência do amor combinada com a sabedoria. Isso equipou Avalokiteshvara para a tarefa de povoar de compaixão a existência. Além disso, o Grande Compassivo era capaz de assumir qualquer forma, de um átomo a um animal ou homem. Daí por diante, embora continuasse a existir sofrimento no mundo, existia também a compaixão, juntamente com a possibilidade de cessação de toda dor.

Avalokita Mostra o Caminho para a Iluminação

Em seu livro *Bodhisattva of Compassion*, John Blofeld relata a história, extraída do *Surangama Sutra*, na qual Avalokita, dirigindo-se a uma assembléia presidida pelo Buda e constituída por seres humanos e divinos, revela como atingiu a iluminação meditando sobre o som. "Separando mentalmente a audição do objeto da audição para em seguida eliminar esses dois conceitos, ele percebeu a princípio que tanto o ruído quanto o silêncio são ilusórios e, por fim, concluiu pela não-existência até mesmo dessa percepção rarefeita." Blofeld prossegue, citando o *Sutra*: "Como não-existentes, o sujeito (o ouvinte ou audição) e o objeto (o som) estão mergulhados no Vazio, e a consciência do Vazio tudo permeia. Quando a consciência da existência e da não-existência desaparece, sobrevém o Nirvana." Graças a essa constatação, Avalokiteshvara adquiriu tanto a compaixão que brota da profunda sabedoria em relação à natureza da realidade última quanto a capacidade de sentir os embates dos seres que pululam no oceano da ilusão.

Outra lição que essa história nos ministra diz respeito à natureza do *mantra* enquanto combinação de palavras e som. A palavra sânscrita *mantra* vem de *man* (pensar) e *tra* (ferramenta). Assim, *mantra* significa "ferramentas de pensar" ou "instrumentos que desenvolvem o pensamento". Avalokiteshvara não apenas divulgou o famoso *mantra* OM MANI PADME HUM, como também desenvolveu a técnica de ouvir. Como foi mencionado acima, a chave para a sua iluminação lhe foi revelada pela audição. Assim, ouvir não apenas ativa em nós padrões específicos de energia (um dos efeitos e objetivos da prática do *mantra*), como também dissolve todos os limites e idéias auto-impostas.

Quando ouvimos e refletimos sobre a natureza do som, não podemos localizar o som. Quando um sino é tocado, o som está no sino, nos nossos ouvidos, na nossa cabeça ou no espaço que nos separa do sino? Não conseguimos achar o som. Essa investigação pode nos proporcionar idéias quanto à natureza da realidade e do vazio que Avalokiteshvara mencionou.

As palavras do *mantra* OM MANI PADME HUM também revelam um profundo significado. OM não tem uma acepção simples e traduzível. Em geral, é considerado uma alusão ao universal, ou melhor, ao individual expandindo-se até o universal. MANI quer dizer jóia ou pedra dos desejos, e se relaciona estreitamente com a palavra *manas*, que significa "mente", no sentido de inteligência e faculdade intelectual da consciência. PADME significa "lótus" ou "coração do lótus" (assim como o lótus do Centro do Coração). O lótus representa a verdadeira natureza dos seres, não enxovalhada pela lama do mundo da dor e das ilusões, cujas inflorescências demandam o céu através dos lagos mais lôbregos, e permanecem secas ainda que rodeadas de água. A compreensão dessa verdadeira natureza é alcançada por intermédio do caminho do Grande Compassivo, Avalokiteshvara. HUM é uma sílaba sem tradução exata que representa o princípio universal manifestando-se no individual. Encerra o sentido de sujeição do individual ao fluxo do universal. Reconhecemos não apenas que a Essência ou natureza última opera através de nós e dentro de nós, mas que isso também se aplica a todos os seres e situações. Como o Lama Govinda salienta em seu livro *Foundations of Tibetan Mysticism* (um exame acurado do significado e da prática desse *mantra*), "OM MANI PADME HUM é a mais alta expressão daquela sabedoria do coração que corajosamente desce ao mundo — e até aos infernos abissais — para transformar o veneno da morte (a separação) no Elixir da Vida".

Essa profunda sabedoria não gera um sentimento de superioridade com relação àqueles que continuam cegos, mas revela a igualdade essencial de todos os seres. Dessa forma, podemos nos reconhecer nos outros e nos colocar no seu lugar, inteirados da sua bondade inata, suas penas e aspirações legítimas.

Avalokiteshvara ilustra o nosso compassivo desejo de aliviar o sofrimento que enfrentamos no mundo. Ligando nossos sentimentos, pensamentos e ações à idéia da separação como indivíduos e da identidade separada, vivemos uma vida limitada, penosa e imperfeita dentro de suas condições perpetuamente cambiantes. A insegurança e o medo que daí resultam erguem muralhas em torno de nós, muralhas de ignorância que nos separam dos outros e da consciência da vida. Avalokiteshvara, compreendendo a nossa unicidade essencial, é a energia zelosa que busca despertar-nos para os estados mentais em que vivemos. Esses estados mentais, esses domínios ou esferas da experiência são os artefatos ilusórios que devem ser aniquilados se desejarmos ser livres e viver.

As Formas Assumidas por Avalokiteshvara nas Esferas do Sofrimento

Capaz de assumir diversas formas, Avalokiteshvara aparece em cada esfera como manifestação de uma sabedoria apropriada ao tipo de preocupação que caracteriza essa esfera. Vai de uma a outra revestido dos aspectos que despertarão os seres ali existentes para a vida e para a sua natureza verdadeira. Cada capítulo da Parte II sobre as esferas do sofrimento começa por uma vinheta que descreve os seres próprios dessa esfera, os quais representam aspectos do nosso sofrimento, e as manifestações de sabedoria de Avalokiteshvara sob a forma de Pai Espiritual e Mãe Divina.

Avalokiteshvara nos auxilia, enquanto seres sofredores presos à esfera, não como uma força exterior, mas despertando uma força dentro de nós. Essa força, ativada pela energia do coração e pelo exemplo do Grande Compassivo, habilita-nos a enfrentar cada situação sem nenhum medo e a usá-la como meio de libertação. Entramos em contato tanto com os seres sofredores quanto com os mestres iluminados por meio das dores de nosso coração e do anseio de liberdade. Os poderes da luz e a unicidade espiritual brotam no centro de nosso coração quando Avalokiteshvara atua em nós e assume a nossa forma.

A história de Avalokiteshvara lembra-nos aquele nosso lado que odeia o sofrimento e se compadece genuinamente dos outros. O Grande Compassivo orienta-nos no uso de nossa capacidade de compaixão para descobrir a essência da nossa própria natureza, fazendo com que tornemos a vida, o relacionamento com os outros, a plenitude e a liberdade uma realidade.

Meditação

As meditações que se seguem compreendem um processo de quatro etapas que nos ajudam a desenvolver as qualidades de sabedoria. Em primeiro lugar, evocamos as qualidades que desejamos despertar reafirmando o desejo de clareza e liberdade. A seguir, ligamos esse desejo ao nosso sofrimento habitual. Depois, voltamos a atenção para os outros, expandindo a nossa consciência a fim de abranger o seu sofrimento e tornando-nos uma presença benéfica em suas vidas, irradiando alegria para eles. Finalmente, afrouxamos os nossos esforços e atingimos o estado natural de descontração.

Prece

A primeira meditação é uma prece que pode ser dita em voz alta ou lida silenciosamente. Serve como introdução para as outras meditações e para atrair a força da sabedoria do Grande Compassivo.

Prece para Si Mesmo e para os Outros, Dirigida ao Grande Compassivo

Em atitude de suprema gratidão à Presença da Compaixão Encarnada que atravessa os espaços infinitos, que é sustentada pela Sabedoria da Essência, que influi sobre este mundo graças às oferendas dedicadas ao Verdadeiro Objetivo, que brota em mim como mestre, ensinamento, amparo e comunhão espiritual, e que atenta para a minha ligação com todos os seres e para as raras oportunidades auspiciosas de receber lições profundas, possa eu rapidamente compreender a Compaixão de Avalokiteshvara e irradiar a Verdadeira Liberdade que a todos beneficia.

Possam todas as projeções surgirem transparentes com Avalokiteshvara sendo a luz que brilha através delas.

Quando, sob o império do medo, do desejo e do torpor vejo estados confusos como coisas boas e apego-me às projeções assim criadas, Avalokiteshvara abre os olhos da Sabedoria do meu coração e me liga à Essência Preciosa, que é meu direito de nascença.

Quando eu, qual mariposa atraída pela luz, vejo Samsara como felicidade e, sem cessar, invoco as causas do sofrimento com o meu corpo, fala e mente, Avalokiteshvara proporciona-me uma Pausa para Reflexão a fim de que eu interrompa essas ações sem sentido.

Quando me escondo, luto e caio em estupor como alguns animais, protegendo a ilusão de algo que cuido ser meu por ignorância, Avalokiteshvara acende a tocha da Sabedoria Espacial para que eu veja os limites como relacionamento e o ilimitado como Essência da Sabedoria.

Quando ardo nos infernos da dor como vítima, consumido pelo ódio, cólera, queixa e culpa, Avalokiteshvara traz a água do amor e a fresca Chuva da Compaixão, extingue as chamas e guia-me pelo rio precioso da vida natural.

Quando estou consumido por desejos insaciáveis, comparações desfavoráveis e a dor frustrante da necessidade, Avalokiteshvara desata os nós que me atam para que as minhas mãos possam disseminar uma torrente inesgotável de tesouros.

Quando sofro o acicate da inveja e luto inutilmente para obter aquilo que os outros possuem e que acho merecer, Avalokiteshvara sopra o suave, Fresco Vento da Harmonia para bloquear essas torrentes de cupidez.

Quando, impensadamente, me regalo no deleite dos deuses, desatento ao passar dos anos, descuidoso do sofrimento alheio e indiferente à natureza da vida e da Essência, Avalokiteshvara oferece-me um barco de Compaixão, de deslumbramento e de lucidez para que eu possa cruzar os mares do desejo.

Quando me apego à compreensão, à autocrítica e à posse do futuro, buscando um porto seguro de significado bem afastado das ondas do nascimento, doença, mudança, envelhecimento, confusão e morte, Avalokiteshvara fornece-me a Sabedoria da Equanimidade e a Jóia da Experiência Direta.

Pelo Poder da Presença Compassiva de
*   Avalokiteshvara,*
Pelo Poder da Verdadeira Intenção,
Pelo Poder das Forças aqui Invocadas,
Pelo Poder do Desconhecido,
Pelo Poder da Cordial Dedicação,
Pela Virtude da Prática e da Vida de Dedicação,

Pela Verdade de tudo isso, possa esta Aspiração à
Felicidade e Liberdade de Todos ser logo atendida.
OM MANI PADME HUM HRI

(Essa curta prece ao Grande Compassivo foi escrita para mim e para outras pessoas por Martin Lowenthal, aluno agradecido de Lar Short e discípulo do Caminho da Radiância. Possa ela dar paz a todos e a todos beneficiar.)

Meditação da Presença Compassiva

Antes de nos tornarmos uma presença agradável para os outros, temos de aprender a amar a nós mesmos, a ter compaixão de nós mesmos. A segunda meditação desenvolve em nós o sentimento de que somos uma presença agradável e compassiva em nossas próprias vidas.

1. Sente-se confortavelmente, mantendo o espírito alerta.
2. Imagine que tem diante de si alguém que muito o ama.
3. Perceba-o a olhar ternamente para você.
4. Talvez esse alguém esteja na iminência de falar-lhe ou tocá-lo com carinho.
5. Organize-se fisicamente — ajuste a postura, a energia e os sentimentos — diante dessa amorável presença e sinta as sensações que vão brotando à medida que você se descontrai mergulhando nesse amor.
6. Relaxe a mente, imaginando-se num lugar amplo, aberto e belo.
7. Considere que essa grata presença é apenas um agente do próprio amor.
8. Continue a relaxar a mente mais e mais, sentindo-se rodeado de amor.
9. Organize-se fisicamente na presença do próprio amor e sinta as sensações que brotam em seu corpo.
10. Considere que o amor é apenas um aspecto do Divino.
11. Organize-se fisicamente na presença do Divino e sinta as sensações que brotam.
12. Relaxe ainda mais a mente, considerando que — quer se lembre ou não — você está sempre, fisicamente, na presença do Divino.

13. Ao despertar da meditação, considere que todas as formas percebidas por você são o corpo do Divino, que todas as vibrações, sons e sensações são a voz do Divino, e que todos os pensamentos, emoções e atividades mentais surgem como nuvens que vêm e vão pelo céu da consciência do coração do Divino.

14. Continue a cultivar essa consciência em todas as suas atividades. Invoque-a, sobretudo, no começo de qualquer tipo de meditação, sempre atento às sensações que forem surgindo.

Relaxamento Progressivo no Interior de Si Mesmo

Como um músculo, nosso espírito precisa de alongamento, esforço e descontração. Alongamo-nos para o desconhecido; esforçamo-nos para usar a experiência vital como alimento; e nos descontraímos dentro da nossa condição natural. Antes de compreender a nossa unicidade essencial, precisamos dissolver as barreiras de nossas autodefinições e defesas. Um dos modos de alcançar isso é atravessando essas muralhas recorrendo a um esforço intenso. Há outros métodos que se valem da nossa capacidade de liberação como um modo de nos descontrair na nossa natureza essencial. A meditação a seguir faz uso desse método.

1. Atente para a percepção mais exteriorizada de si mesmo no seu corpo.
2. Inspire. Ao expirar, libere as tensões dessa camada exterior de si mesmo e procure relaxar dentro de uma percepção íntima e reduzida de si mesmo.
3. Inspire e expire novamente, relaxando dentro de uma percepção ainda menor e mais entranhada de si mesmo. Repita o processo até que a percepção de si mesmo se concentre numa pequena gota no coração.
4. Vá repetindo o processo enquanto essa gota vai ficando cada vez menor e mais concentrada até desaparecer, restando da percepção de si mesmo apenas a consciência. Continue.
5. Quando brotar em você novamente a percepção de si mesmo, sinta-lhe os limites nesse momento e recomece o processo até que o seu eu se dissolva em pura consciência.
6. Depois de repetir o processo várias vezes, encerre a meditação irradiando seus benefícios para todos os seres, com o sincero desejo de que também eles não tardem a alcançar a verdadeira libertação do sofrimento.

PARTE II

Das Esferas do Sofrimento à Sabedoria da Alegria de Viver

4

Além do Imperativo Territorial
Da Esfera Animal
à Dinâmica do Relacionamento

O inferno são os outros.

Jean-Paul Sartre, "Huis Clos"

Para o verme que mora numa raiz, o mundo inteiro é uma raiz.

Provérbio iídiche

Destruo o inimigo transformando-o em amigo.

Abraham Lincoln

Ou aprendemos a viver juntos como irmãos ou pereceremos juntos como tolos.

John F. Kennedy

A esfera animal é habitada por seres que ladram e mordem os intrusos, protegem seu território e lutam para serem deixados em paz. Vagam mergulhados em estupor, desejosos de carinho e de afeição, mas amedrontados e espantadiços. Muitos deles têm pavor do desconhecido e das situações caóticas. Querem ficar no conforto do seu canto, presos a rotinas previsíveis. Outros se mostram obcecados com o perigo, avessos às exigências dos relacionamentos e à imprevisibilidade do convívio com estranhos. Anseiam por amor e atenção, mas ficam aterrados com a idéia de intimidade e responsabilidade.

Avalokiteshvara penetra nessa esfera sob uma multiplicidade de formas. Como Buda empunhando um livro, ele educa; como Prajnaparamita, a sabedoria cheia de graça, convida os seres amedrontados a aprender e a evoluir; como divindades assustadoras (seres benignos que assumem feições coléricas), desperta os seres entorpecidos para um sentido de aproximação. Ele provoca um choque que gera uma pausa, interrompendo a história desses seres e rompendo a proteção de suas identidades. A mãe Dakinis, outra manifestação de Avalokita, atiça os seres animais e faz com que se movam pelas suas próprias forças elementares. Elas chamam os seres pusilânimes para fora de seus territórios, convidando-os à atividade e ao relacionamento.

Quando estamos na esfera animal, nossa consciência é dominada pelo anseio de possuir um território. Os animais tentam assegurar seu espaço com urina, uivos e arreganhar de dentes. Como animais, temos a nossa palavra favorita: "meu".

Posse e Território

Quando possuímos um espaço, identificamo-nos com ele. Gostaríamos que esse espaço fosse tão sólido quanto a terra e esperamos que nos dê uma sensação de permanência neste mundo mutável. A certa altura achamos que, se pudéssemos conservar as boas coisas e descartar as más, poderíamos superar as condições de nossa vida. Poderíamos ser mais abertos e livres. A conclusão subjacente é que somos capazes de criar a permanência ligando-nos a bens e rotinas familiares; e que, uma vez protegidos das ameaçadoras mudanças no mundo, começamos a viver.

No afã de garantir o conhecido, demarcamos o território para distingui-lo dos territórios dos outros. Uma vez que definimos o mundo em termos de bom e mau, tentando possuir as coisas boas e evitar as más, tornamo-nos receosos dos outros, que poderiam cobiçar os nossos pertences ou contaminar o nosso espaço com algo de mau. Erguemos barreiras de privacidade em torno do nosso quarto, do nosso escritório, do nosso tempo, do recinto de nossas meditações. Esses limites, estabelecidos para a nossa proteção, transformam-se nas paredes de uma prisão, separando-nos dos benefícios da amizade, da descoberta, do mundo circunjacente.

Atitudes do Coração quanto à Vulnerabilidade e ao Medo

No empenho de debelar as ameaças ao nosso território, tornamo-nos paranóicos. As atitudes do nosso coração refletem a convicção de que nós e os nossos bens somos vulneráveis, sendo o medo o modo apropriado de nos relacionarmos com um mundo perigoso. O mundo está cheio de gente que perturba, ameaça e polui — a nós e às nossas posses. Acionamos constantemente uma espécie de radar para prevenir possíveis invasões no nosso espaço e interrupções na nossa rotina. Colocamos avisos para que as outras pessoas saibam o que nos pertence, como e quando fazemos as coisas. Nesse estado de espírito, só o que queremos é segurança e conforto. Queremos o conforto do amor, esperando que ele nos faça sentir integrados, mas nós o queremos em nossos próprios termos, para que não nos sintamos ameaçados pelo relacionamento.

Nossa energia e consciência naturais são entorpecidas num território mental caracterizado pela ignorância em relação ao mundo e pela incapacidade de discriminar. Essa mentalidade olha só para a frente, como se usasse antolhos, e procura ajustar as situações com vistas ao conforto. Tenta conformar os acontecimentos às expectativas, tudo em função da comodidade. Nessa esfera, qualquer coisa nos parece uma intrusão ou ameaça em potencial. Embora ansiemos por contatos que nos afastem da solidão, os relacionamentos existentes são ignorados, os novos raramente são buscados, e, quando a interação acontece, uma excessiva preocupação com a manutenção dos limites governa a nossa atenção e a nossa atividade.

Preguiça

Outra característica da esfera animal é a preguiça: a falta de energia para cuidar adequadamente de nós mesmos. Aborrece-nos observar a nós próprios e às situações de diferentes pontos de vista, no receio de que isso possa comprometer as nossas barreiras interiores ou a nossa auto-imagem.

Na esfera animal, temos medo de examinar o modo como nos relacionamos com o mundo e com o nosso próprio ser. Apetece-nos conservar as barreiras e o respeito a nós mesmos. Podemos nos mostrar obstinados e sisudos na manutenção do nosso território e na perseguição de nossos objetivos, destituídos do senso de perspectiva que nasce da autoreflexão bem-humorada. Nessa esfera, o humor é desajeitado e só usado para aliviar tensões. Ele não passa de um instrumento para o alívio e a manipulação, em vez de ser uma maneira aberta e consciente de lidar com a previsibilidade de nossos hábitos e a imprevisibilidade do mundo. O verdadeiro humor constitui uma ameaça, pois desnuda as tentativas autoenganadoras que fazemos para preservar uma rígida identidade.

Por que Evitamos a Intrusão, Ignoramos os Relacionamentos e Buscamos a Segurança?

Nessa ânsia de segurança, comodidade e contatos em nossos próprios termos, tentamos coibir a intrusão e as ameaças ao nosso mundo. Temos medo da mudança e do esforço necessário para aprender novos comportamentos, desenvolver novas regras. Fugimos à luta para sobreviver, para nos sentirmos seguros, para firmar novas expectativas, desde que livres de cuidados.

Devido a essa concentração da atenção, ignoramos o nosso relacionamento fundamental com os outros, com a sociedade e com o mundo. Não percebemos a natureza interdependente da nossa existência. Esquecemos que também dependemos dos esforços que os outros fazem para conseguir alimento, abrigo, roupas, e para conservar o meio ambiente. Ignoramos o fato de que não existimos como entidades independentes. Ficamos cegos para com a natureza comunitária da existência, para com a realidade iminente da morte e para com o fato de estarmos sempre em comunhão com os outros, quer o reconheçamos ou não.

O Desejo de se Relacionar e o Medo do Contato

Nessa esfera, queremos que cuidem de nós, mas temos medo dos relacionamentos. Ansiamos pelo toque, mas receamos o contato. Pensamos que vamos ficar bem se as pessoas nos deixarem em paz... mas, quando o fazem, nos sentimos abandonados. Querendo desatar esse duplo nó de medo e de desejo ardente convidamos outras pessoas a ficar conosco, mas desde que em nossos termos, desde que respeitem os nossos limites.

Apego ao Conhecido

Estabelecemos limites conhecidos e rotinas para nos preservarmos dos males do desconforto físico, da dor e do abandono. Eliminamos ao mesmo tempo o passado e toda perspectiva real de um futuro: os medos presentes e o bem-estar constituem o foco de nossa atenção. Tememos os riscos de um relacionamento verdadeiro e consolamo-nos com o nosso espaço, a nossa programação e os nossos objetos sagrados. Pendemos para o conhecido sempre que possível e esquivamo-nos do desconhecido, do invulgar.

Contentamo-nos com bichinhos de estimação, animais domesticáveis e leais. Esses bichinhos passam a vida a dormitar, a brincar e a comer... e, acima de tudo, são nossos. Coisas familiares como a nossa poltrona favorita, um elegante copo de vinho e a louça da vovó tornam-se objetos sagrados, dos quais fazemos um uso ritual.

O Embuste Espiritual do Eremita

Os aspectos da esfera animal afetam o nosso trabalho espiritual, pois o praticamos no isolamento, preferindo a caverna à comunidade. Os princípios subjacentes aos ensinamentos parecem confusos e nós meditamos de uma maneira convencional, ritualística, rodeados de objetos e quadros que nos fazem sentir em casa. Transformamos o mestre em salvador ou figura patriarcal, que nos protege e tudo investiga para nós. Seguimo-lo como carneiros, sem duvidar de nada e sem nada decidir por nós mesmos, usando como desculpa a devoção. Ficamos bitolados na rotina e na devoção, protegendo nosso trabalho espiritual do mundo e da possibilidade de quaisquer confusões.

A Dinâmica Subjacente aos Relacionamentos

Cada esfera constitui uma reação de contração, encolhimento e encurvamento ao radiante processo espiritual da vida chamado "dinâmica". Sob a preocupação animal com posição e limites está a dinâmica essencial do relacionamento. Quando os limites são considerados linhas de conexão e não de exclusão, conseguimos perceber os laços que nos unem ao mundo circundante e às pessoas que dele fazem parte.

Percebemos que limites e identidades são coisas relativas, sempre em mutação. Começamos a discernir os vários tipos de limites e identidades que existem no mundo e a compreender que eles passam por ciclos de crescimento e decadência. Thich Nhat Hanh, poeta e mestre zen vietnamita, ilustra essa idéia sugerindo que consideremos uma rosa e um monte de lixo. A rosa parece bela e pura, o lixo desagradável e malcheiroso. Todavia, em questão de semanas, a rosa murchará e decairá, tornando-se lixo; e o lixo poderá transformar-se em flores e legumes. "Olhando para a rosa, podemos ver o lixo, e olhando para o lixo, podemos ver a rosa." A isso chama ele "interser". Encarando os nossos hábitos de exclusão e medo, sentimos esse interser, vemos a nós mesmos nos outros e os outros em nós. Com eles nos comunicamos por meio da constatação de que estamos todos sujeitos aos mesmos princípios vitais, de que a vida é uma etapa mutável e relativa na qual dependemos uns dos outros. Cada pessoa é um espelho; cada interação, a compreensão do desígnio humano; cada limite, uma conexão e um indício de amplitude.

Abrigo, não Esconderijo

Começamos a perceber que podemos nos responsabilizar por nós mesmos e por nossas relações com os outros. Podemos usufruir o nosso território como um local de acolhida, não um esconderijo. Podemos agir em termos de comunidade, da qual somos parte.

Cada ser irradia seu próprio frescor e vitalidade. Embora sejamos comumente imunes a essa radiância, conseguimos reconhecê-la quando contemplamos uma criança — dinâmica, direta, vulnerável, receptiva e viva. Nesse momento, sentimos a nossa vivacidade mais intensamente e aceitamos a criança como ela é. Um sorriso sincero gera o mesmo sentimento.

Aprendizado

A partir dessas experiências, podemos aprender que, embora as coisas mudem e a segurança seja ilusória, a radiância básica não pode ser destruída. Ela simplesmente se reveste de formas diferentes em contato com outras formas radiantes. O relacionamento, enquanto processo vital, dilata o nosso espaço e nos permite acolher os outros. E à medida que esse espaço se torna mais amplo e flexível, abandonamos um pouco do conhecido para explorar e acolher um pouco do desconhecido. Em certo sentido, nós morremos para o velho espaço — os velhos limites e definições — a fim de nos abrirmos para um espaço maior. Essa disponibilidade é o ingrediente fundamental do aprendizado. Quando vemos a vida como uma oportunidade de aprender, lançamos os alicerces do crescimento. Essa é a característica essencial da vida, o nosso objetivo como seres humanos.

Esses alicerces criam o espaço e o contexto para o desenvolvimento de outras dinâmicas e qualidades de sabedoria. Cada uma dessas, por seu turno, aprimora o processo de crescimento e percepção da amplitude. Abrir-se para o desconhecido é essencial para o desenvolvimento de qualquer forma de sabedoria, e cada nova preparação abre-nos um pouco mais, expandindo a nossa capacidade de evolução.

A Sabedoria da Amplitude

Desenvolvemos a jóia da sabedoria da amplitude quando experimentamos a infinitude do espaço de onde todas as coisas provêm. Abertura, aprendizado e crescimento são os alicerces para o aprimoramento da consciência espacial que nos liberta. Sentimos a nossa própria essência e começamos a despertar para o nosso Eu Essencial. Compreendemos que a personalidade é a expressão única da natureza do nosso Eu, a Essência do Eu, que ultrapassa o eu pessoal. A semente tem todos os elementos necessários para tornar-se um carvalho, ainda que não saibamos quantos galhos e folhas ele ostentará. Assim também todos nós encarnamos o projeto da compreensão espiritual, embora a forma individual que ele assume possa diferir. A *natureza* dessa compreensão, entretanto, será a mesma em cada expressão individual: não há nada a provar, aprovar, desaprovar ou aprimorar.

Quando operamos a partir do nosso Eu Essencial, somos simplesmente nós mesmos. Não que saibamos quem ou o que esse Eu é (pois ele muda constantemente), mas, sim, que estamos pelo menos tentando não ser ninguém mais num dado momento. Entendemos que o propósito da vida é viver — só isso — e vivemos nossas vidas agora.

Meditação a Dois

A Superação de Nós Mesmos

Desenvolvemos as lúcidas qualidades dessa dinâmica do relacionamento praticando a meditação, o serviço comunitário e a dedicação. Queremos observar, discernir, escolher e nos comunicar com as outras pessoas. O primeiro passo nesse processo é fazer uma simples pausa, uma interrupção no curso habitual do pensamento, do sentimento e da ação que nos dê uma oportunidade para refletir.

A pausa é um ingrediente essencial na evolução da nossa capacidade espiritual. O aspecto animal que existe em nós opera mediante um mecanismo de estímulo-resposta. Entretanto, na qualidade de seres humanos, dispomos da capacidade adicional de estabelecer uma pausa. Quando reagimos de acordo com o mecanismo de estímulo-resposta, podemos acrescentar uma pausa para reflexão, criando a seguinte seqüência: estímulo-resposta-pausa-reflexão. Em pouco tempo, disporemos da qualidade da antecipação, que pode ser expressa assim: estímulo-pausa-resposta-pausa-reflexão. Graças à antecipação, já não reagimos pura e simplesmente: abrimo-nos ao estímulo antes de responder e, dessa forma, podemos desenvolver a capacidade de escolha.

No trabalho espiritual, aprendemos a vivenciar, ampliar e explorar essa pausa como parte do processo de despertar. Por fim, notaremos que a pausa, quando não mascarada pela atividade incessante da mente e do corpo, está sempre presente. É caracterizada por um alto grau de consciência — o eterno pano de fundo de toda experiência e ação. O estímulo e a resposta, portanto, emergem da pausa.

Essa consciência crescente traz consigo maior liberdade. Temos mais escolhas em relação à pausa, a outro curso da ação e à variedade de meios pelos quais podemos lidar com cada situação. Somos livres para agir com lucidez, em vez de continuar a ser manipulados por respostas automáticas. Somos livres para emprestar significado a algo mais que estímulo e resposta. Abrindo-nos para a pausa, damos-lhe significado, pois se trata do espaço a partir do qual brotam os estímulos e atuam as respostas.

Meditação a Dois

Combinada com as práticas propostas nos capítulos anteriores, esta meditação a dois é particularmente eficiente no trabalho com os esquemas mentais e emocionais que nos mantêm aferrados a essa esfera.

Quando você e seu parceiro se sentarem um diante do outro, sintam os seus limites; determinem onde termina o espaço de um e onde começa o do outro. Faça isso primeiro com os olhos fechados e depois com os olhos abertos. Repare em cada conclusão que esteja tirando a respeito de você mesmo e do parceiro, e onde se encontram os seus pontos de conexão.

Agora, mude o enquadramento da situação. Mude as conclusões a respeito do seu parceiro. Por exemplo, imagine que ele o esteja ameaçando e perceba quais são as suas reações. Tente outros pensamentos como: "Esta pessoa está com ódio de mim", "Esta pessoa quer me ajudar", "Esta pessoa me ama" e "Esta pessoa é amiga e posso confiar nela." Sinta como os seus pensamentos sobre o parceiro afetam os seus limites e conexões em relação a ele. Note como a última conclusão é agradável.

Termine o exercício focalizando a atenção no centro do coração, enchendo-o com um sorriso interior e irradiando a energia desse sorriso para o parceiro. Ao mesmo tempo, receba a energia do sorriso dele, fazendo um intercâmbio de radiância. Depois, um e outro irradiem essa energia para o mundo todo.

Ampliando os territórios da nossa mente, alcançamos o bem-estar e a conexão que tentamos conseguir por meio do sentimento de posse. Queremos nos sentir ligados a alguma coisa, garantir para nós um lugar neste mundo. Quando nos dispomos a estabelecer relacionamentos com outras pessoas, descobrimos que o constante dar-e-receber conduz a uma integração mais autêntica. Pelo amor, ganhamos o mundo inteiro, transformando velhos inimigos em novos amigos.

5

Contra a Maré na Esfera do Inferno

O Poder da Dor, a Dor da Impotência e a Liberdade do Vazio

O inferno somos nós.
O inferno é o estar sozinho,
Tudo o mais são, nele, projeções.
Não há de onde escapar, nem para onde fugir.
Sempre estamos sós.

T. S. Eliot, *The Cocktail Party*

Quando um homem está atormentado,
Como encontrará a paz
Senão pela paciência, até que as águas serenem?
Como a vida do homem seguirá o seu curso
Se ele não a deixar fluir?

Tao Te Ching, 15

Na esfera do inferno, Avalokiteshvara depara com seres que sofrem de diversas maneiras, em resultado de seus sentimentos de cólera, frustração, ódio, pusilanimidade, culpa e reprovação — e que consideram os outros como algozes reais ou potenciais. Alguns implodem e se congelam de fria cólera e ódio; outros explodem e ardem de rubra cólera e frustração. Outros ainda são retalhados pelo ódio e lambem o sangue de suas próprias feridas, atormentados pelo remorso. Porém, todos anseiam pelo poder de exorcizar os demônios dos pensamentos, dos sentimentos e dos ferimentos sofridos.

Aos seres dessa esfera, Avalokita surge como Aksobhya (o Pai Espiritual) e Locana (A Mãe Divina). Aksobhya, com seu corpo espacial azulado, penetra na esfera montado num gigantesco elefante, irradiando a luz pura e incolor da sabedoria especular. Traz consigo um espelho onde as criaturas vêem o reflexo de si mesmas e dos julgamentos que fazem a seu próprio respeito. Elas compreendem que pensamentos e emoções são imagens fugidias e que o próprio espelho representa suas qualidades essenciais de limpidez e serenidade, uma natureza que não é tocada nem afetada pelos fenômenos que reflete. Aksobhya representa a sabedoria da paciência e da clareza, que o desgosto e a cólera não podem perturbar. Enquanto lida pacientemente com os seres do inferno, ele não reage e não tem a sua presença ali condicionada. Ouve-os sem se deixar abalar por suas queixas e lamentações infindáveis. Seu atributo é o vajra, que simboliza a natureza diamantina e indestrutível da realidade, em toda a sua pureza.

A Divina Mãe Locana é "Aquela que Vê", aquela que tem o Olho de Buda. Ela vê a verdadeira natureza de cada pessoa. Ainda que os moradores do inferno sofram terrivelmente e sua cólera seja violentíssima, ela os vê na sua Essência e trata-os como seres naturalmente livres, independentes das experiências passadas e das condições presentes. Ela os convida a verem-se a si próprios não como meros reflexos, mas como o espelho. Encoraja-os a considerarem o fogo e a água, não como coisas que queimam e engolfam mas como elementos que purificam e lavam os medos e as trevas. Também lhes ensina que fogo e água são parte da alquimia do renascimento, um modo de transformar a dor, a cólera e a hostilidade.

Toda auto-imagem é um instantâneo das nossas qualidades dinâmicas naturais. Tentamos deter o fluxo inexorável do desconhecido apegando-nos a uma identidade "permanente". Distorcemos nossas percepções para proteger a frágil auto-imagem que criamos. Na esfera do inferno, nós nos identificamos como vítimas. Nossos pensamentos estão cheios de dor, de recriminação, de queixas e de agressividade.

O Poder da Dor

Quando habitamos essa esfera, agimos como se estivéssemos presos num mundo hostil. "Sabemos" que algo está tremendamente errado. Algo tem de ser fixado, poupado ou liberado. A vida é problemática.

Achamos que, em algum momento do passado, fomos feridos e que, devido a esse ferimento, ficamos desfigurados. Nossa biografia não passa do relato dos ferimentos e das penas que temos sofrido incessantemente. "Basta!" é o nosso lema, dito às vezes em tom queixoso, outras vezes em tom de desafio.

Nosso sangue psicoemocional nos fascina. Lambemos as nossas próprias feridas, saboreando o sangue e a carne machucada como se fossem alimento: eles parecem tão reais, tão deliciosos, tão intrigantes! Regamos esse repasto sangrento com lágrimas refrescantes qual chuva de bênçãos...

Nessa esfera, a dor é a garantia da realidade. Se sentimos dor, então o ferimento tem de ser real. Contraímo-nos ainda mais, reforçando assim a convicção de que temos sido feridos repetidamente. Se persistimos com esse padrão, a ferida se torna o centro ou o princípio norteador da nossa vida. Surge então o desejo de procurar uma solução, a "busca".

Em Busca de uma Saída

Esse anseio por uma solução do problema existencial acaba se tornando um outro problema. Uma busca não tem de ser necessariamente destrutiva, mas, quando define a vida como um problema a ser resolvido, ela perpetua e reforça a perspectiva do problema. Muitas das chamadas buscas espirituais são feitas sob o disfarce da salvação ou da fuga do mal. A verdadeira busca, porém, é a busca da autenticidade, e não da redenção; da liberdade, e não da prisão da virtude; da harmonia, e não da retribuição; da abertura, e não da segurança e das feridas já conhecidas.

Quando estamos apegados à nossa identidade, tudo flui ao redor de nós e para dentro de nós. Sentimo-nos cercados de mudanças e fustigados pelos acontecimentos. "Se a vida simplesmente me deixasse em paz, eu ficaria ótimo." No entanto, se fugirmos dos relacionamentos e do mundo, nos sentiremos perdidos e sós. E isso é mau.

Pensamos: "Não sou suficientemente forte, suficientemente bom para sobreviver; o universo conspira contra mim; tudo foi criado para me destruir. E, ainda que isso não tenha sido feito deliberadamente, é o que acontece. Tento levar a vida à minha maneira, mas as coisas me puxam, me empurram, me sacodem."

Ódio

A cólera brota e se congela sob a forma de ódio, que é a cólera projetada no tempo. A cólera pode dirigir-se contra o eu, fraco demais para manter a sua identidade; ou pode voltar-se contra um universo malévolo, sem compaixão e que destrói tudo aquilo com que nos identificamos. Não raro, ele ataca em ambas as direções. Eis a essência do inferno, que resiste ao fluxo do universo e se julga completamente separado dele. Nesse caso, sentimo-nos cansados demais para resistir ao fluxo, que nos esmaga, ou ultrajados porque ele parece estar destruindo aquilo que pensamos ser. Não nos ocorre que essas mudanças e acontecimentos é que nos criaram e continuam a nos sustentar.

Agressão e Vitimização

Também assumimos uma postura agressiva em relação à dor, a nós mesmos e a tudo o que consideramos causa dessa dor. Queremos arrancar violentamente a ferida, apagá-la e arremessá-la à face do mundo, onde somos feridos.

Agir agressivamente transforma o universo num lugar onde há sempre vítimas e algozes. A agressão torna-se um ponto de referência à luz do qual todas as situações sociais são consideradas. Recriminação, cólera e ódio energizam esse ponto de vista, gerando as nossas reações de vítimas autoproclamadas.

A Legitimidade da Recriminação

A recriminação atormenta os ocupantes do inferno. Ou o mundo é responsável pelos nossos problemas, ou nós o somos. Sentimo-nos vítimas de uma vida ingrata. Nossas emoções mais fortes são a cólera, a raiva, o medo ou o ódio. Moralmente, achamos que estamos em busca da legitimidade.

Esse ódio é uma espécie de ódio por si mesmo. Mesmo o ódio pelos outros está ligado a qualidades que odiamos em nós ou que nos levam a odiar-nos porque as tememos. Vamos de uma forma de ódio por si mesmo a outra — da culpa (convicção de que merecemos ser recriminados) à vergonha (convicção de que não somos suficientemente bons) e à fraqueza (convicção de que somos vítimas).

Nessa esfera, pontificamos: "A vida é ingrata e ninguém merece passar o que eu passo. Não está certo." Em relação à vida, as perguntas são: "Como posso escapar às agruras da vida?" e "Como provar ao mundo que não mereço ser magoado?" Os filtros da percepção são: "Como a vida e os outros estão me debilitando?" e "Como debilito a mim mesmo por meio das minhas próprias deficiências?"

Por melhor que seja a nossa imagem social, física e profissional, ela nunca parece suficientemente boa. Sempre podemos aprimorá-la, pois as circunstâncias estão sempre mudando. Vemo-nos como um deus irascível a presenciar os próprios fracassos e a criticar os próprios sucessos.

Sede de Poder

Além de tudo, nos sentimos deslocados por não sermos suficientemente poderosos para deter a injustiça, o fracasso e o sofrimento. Erigimos a nossa honestidade sobre a pedra angular da impotência. Assim, ao menos, podemos definir os limites do que é correto ainda que não consigamos controlar o fluxo da vida. E a nossa sede de poder vai crescendo. Queremos destruir as causas da dor, mesmo que nós próprios sejamos essas causas.

Para além da agressão, cobiçamos o paraíso, a esfera divina em que reina a eterna paz. Tentamos ser Deus para controlar as tribulações, ou pelo menos ser o amigo de um Deus que zelará pelo mundo garantindo-nos a segurança.

Suponhamos que uma garota perdeu o pai. Se tiver quatro anos, idade em que se explora o mundo e se testa o relacionamento com todas as coisas, ela poderá achar que ela própria o matou ou foi, de alguma forma, responsável pelo seu desaparecimento. Ela encarará o acontecimento pelo lado pessoal, suspeitando que a culpa deve ter sido dela. Ainda que não pense que matou o pai de um modo mágico, por meio de um pensamento ruim, talvez acredite que o seu amor não foi suficiente para mantê-lo vivo. Talvez suponha que poderia tê-lo conservado se fosse boazinha, na idéia enganosa de que o amor cura todas as feridas e resolve todos os problemas. "Ele morreu por minha culpa."

Obsessão pelo Controle

Preferimos ser maus a ser impotentes. Esta é uma maneira pueril de nos garantirmos neste mundo. Preferimos nos sentir culpados por ter causado a morte de um parente a admitir que não tínhamos nenhum controle sobre o acontecimento. Sentimo-nos inquietos porque achamos que, se algo sucedeu uma vez, poderá suceder de novo. No entanto, se formos responsáveis pelos acontecimentos, mesmo a morte de um ente querido, assim pelo menos teremos o poder de evitar a dor no futuro. Sacrificamos o bem-estar básico pela necessidade de controle e poder. Ficamos obcecados pelo controle e não abertos ao fluxo. Buscamos o tempo todo o poder de controlar os acontecimentos.

Culpa e Vergonha, um Jogo pelo Poder

Nessa esfera, entre as ferramentas do poder estão a culpa e a vergonha. Elas pintam os nossos fracassos e experiências dolorosas como algo desnecessário, como se pudéssemos ter feito as coisas de modo totalmente diferente. Atribuímos a nós mesmos um poder que nunca tivemos. Vale lembrar, no entanto, que, se *tivéssemos* esse poder na época, *teríamos* modificado os acontecimentos. Não provocamos nem escolhemos inconscientemente os eventos negativos e dolorosos de nossas vidas. O mundo está e sempre esteve fora do nosso controle.

Gostaríamos até mesmo de planejar a nossa própria libertação. A vida, porém, não nos consulta. As coisas acontecem e pronto. Temos simplesmente que aprender a lidar com o que ela nos apresenta: este é o plano. Seria ótimo se fosse o contrário, se nós controlássemos o plano e tudo o mais nele se encaixasse.

A ironia é que nós, obcecados pelo controle, tentamos ser responsáveis por coisas que não podemos controlar, e não nos responsabilizamos por aquelas que podemos controlar.

No reino do inferno, continuamente impomos a autoridade do nosso julgamento e probidade. Ao fracassar na determinação de um evento, ficamos ao menos com a certeza de que estamos "certos". Exsudar esse tipo de energia cria tensão nos nossos relacionamentos, dando aos outros o ensejo de nos apaziguar, ignorar ou arrostar. Em nenhum desses casos há amplitude ou autenticidade reais. Ou interpretamos mal a crítica ou a consideramos uma agressão contra aquilo que pensamos ser.

A Vítima como Algoz

Projetamos no mundo a tirania íntima da nossa cólera, na tentativa de tiranizar cada situação potencialmente ameaçadora e fazemos isso exibindo nossa honestidade e nossa condição de vítimas. Perpetuamos o processo de vitimização transformando os outros em vítimas, submetendo-os aos nossos julgamentos e à nossa cólera. Em seguida, uma vez que nossa posição está ligada à nossa honestidade, confundimos concordância com apoio e discordância com oposição. Apresentamos a visão vitimizada do mundo com zelo verdadeiramente catequético. Tentamos converter os outros com o poder da nossa dor e exigindo evangelicamente que todos reconheçam a sua própria condição de vítimas.

Apanhados na Idéia de Vitimização

O inferno tece laços na forma de pensamentos que nos mantêm atados ao nosso quadro mental. Nessa esfera, a crítica significa mais vitimização e é considerada uma agressão. Isso provoca um curto-circuito na possibilidade de observar e de deter o processo. Ser apanhado na esfera do inferno é outra confirmação de como nós somos maus. Tudo é filtrado pelo nosso próprio julgamento agressivo e exigente e pelo julgamento dos outros. Cada observação gera um julgamento do tipo perder ou ganhar, que, por seu turno, gera resistência e represália.

Tudo isso resulta em solidão, na falta de um relacionamento verdadeiro. Assim, mergulhamos na depressão ou criamos conflitos para nos sentirmos reais e novamente integrados.

Na esfera do inferno, a vida é uma luta constante, uma tribulação aparentemente sem fim na busca de existir e estar bem. Para alguns, isso significa oscilar entre a agressão de um ódio intenso e a resignação desalentada em relação às dores da existência — sem prejuízo da ânsia de fugir, possivelmente por meio de atos suicidas de desespero.

As frases-chave dessa esfera podem ser: "A vida é ingrata...", "Por que eu...?", "A culpa foi deles...", "Deve haver algo de errado comigo...",

"Você tem algum problema, do contrário não faria isso comigo...", "Eu odeio...", "Por minha causa...", "Estou indignado...", "Eu devia..."

Antes de ter uma visão real de nossos hábitos mentais, enquanto estamos nesta esfera, precisamos perguntar: "Haverá em mim uma parte empenhada em assegurar-se de que a minha vida vai mal, uma vez que isso explicaria o meu sofrimento e a minha situação? Haverá em mim uma parte que se delicia com a punição?" A punição pode dar a segurança de que, por baixo de todos os erros e fracassos, existe algo digno de ser preservado, a certeza de que em nós existe algo de bom.

Resistência ao Vir-a-Ser

O inferno é criado a partir da resistência ao "vir-a-ser", no empenho em consolidar o sentimento de que "se é". A tentativa de separar o "ser" do "tornar-se", de negar a realidade da mudança, afasta-nos da real natureza da existência e faz-nos bracejar contra a corrente da vida. O esforço para estabelecer uma identidade permanente isola-nos da verdadeira essência da vida: estar no presente por inteiro, sem atenção ao passado ou ao futuro, sem a distração das auto-imagens.

E se não houver uma solução para os problemas de nossas vidas pela simples razão de que não existe nenhum problema? E se o problema for uma invenção ou uma simples projeção? Suponhamos que estamos viajando pelo mundo e que temos medo de cobras. Ao cruzar um país infestado de serpentes, nas horas do entardecer qualquer sombra alongada aciona o nosso "radar anticobras" e nos põe em alerta. Na verdade, o medo e a precaução antes nos farão fugir do local do que examinar a evidência. Esse tipo de engano cria uma resposta física que sufoca tudo o que esteja realmente ocorrendo na ocasião. A reação torna-se uma realidade em si mesma, ao menos por alguns instantes.

Isso lembra a história sufista de Nasrudin. Nasrudin vai ao médico e, enquanto está na sala de espera com outros clientes, não pára de repetir: "Tomara que eu esteja mesmo doente." Depois de ouvi-lo murmurar essa frase várias vezes, um dos pacientes resolveu perguntar-lhe: "Por que o senhor quer ficar doente?" Nasrudin olha desalentado para os outros pacientes e explica: "Se me sinto tão mal, espero que esteja realmente doente. Detesto pensar que alguém em tal estado possa gozar de saúde."

Pré-tensão da Dor

Examinemos a natureza da dor. O que a torna tão "doída", além do fato de incomodar? Qual é a diferença entre a dor e o sofrimento? Como a dor se transforma em sofrimento?

O sangue coagula e pára de correr. Da mesma forma, a dor se congela em sofrimento. Evitamos que ela passe apelando para o medo, a expectativa, a esperança, a frustração, a ansiedade, a recriminação, a culpa e a vergonha. Tornamo-nos hipersensíveis, imaginando que toda sensação é prelúdio de mais dor... e, dessa forma, agarramo-nos à dor que poderá sobrevir. Quedamos entre o desejo de controle e a ignorância do que está por vir. Tentamos nos preparar e ficamos "pré-tensos" a ponto de não conseguirmos nos mexer. Cada "e se", "por quê?", "você me prejudicou", etc. impede que a dor se desvaneça no passado. Ampliamos a dor dando-lhe a forma de sofrimento.

Traição à Vida

Assumindo o papel de vítimas e tratando a vida como um problema, atraiçoamos a vida de diversas maneiras. Uma parte de nós sabe como estar viva no momento, mas só a traímos fixando toda a atenção na nossa história, a reconstituição histórica da nossa vida. Nossa identidade não nos permite lidar com o presente tal como ele é. Vemo-nos como vítimas e não como os autores da nossa experiência atual.

A Farsa Espiritual do Penitente

Os hábitos e perspectivas da esfera do inferno também distorcem a nossa abordagem da espiritualidade. Julgamo-nos indignos e pedimos que o Divino nos perdoe. Separamo-nos do Divino, buscando a remissão de nossos pecados. Entregamo-nos a rituais, a vigílias e a jejuns sacrificados, sem falar da autoflagelação física ou mental. Procuramos um mestre perfeito a quem confessar nossos fracassos e queremos que ele reconheça os nossos sofrimentos para nos redimir do nosso penoso passado. Somos implacáveis para com os deslizes do mestre e com os insucessos dos outros estudantes, principalmente com aqueles que não praticam a confissão e a purificação. Talvez vejamos a obra espiritual como uma batalha entre as forças do bem e do mal, travada no mundo e dentro de nós mesmos. Também podemos impor limites a nós mesmos recorrendo à meditação como simples meio de controlar a dor e de nos propiciar fugas passageiras e experiências relevantes.

O Sofrimento Produz Vigor

No inferno, sustentamos a luta enquanto perpetuamos a dor. Em conseqüência, desenvolvemos resistência. Quando não estamos na fase de exaustão da esfera, podemos acumular uma enorme quantidade de energia perseguindo o nosso ponto de vista e contando a nossa história. Mas há aqui também o potencial para a reflexão, caso consigamos criar uma pausa no caos de nossos sentimentos e na tirania da nossa probidade.

Como Enfrentar a Inclinação para os Maus Sentimentos

Temos de enfrentar a nossa inclinação para alimentar sentimentos como vergonha, cólera e culpa. Temos de lidar com os meios pelos quais utilizamos a dor para nos sentirmos reais. O apego ao drama das emoções precisa ser encarado e perscrutado antes de podermos relaxar no fluxo da vida como ela é.

Vítimas da Responsabilidade

Outro obstáculo que deve ser superado é a preocupação em determinar a origem e a "causa" do sofrimento para assim ressaltar a nossa probidade e ter motivos de queixa. A "verdadeira causa" não pode nunca ser determinada. Somos o que somos, em parte, devido aos nossos pais, que eram até certo ponto produto dos pais deles, e assim por diante. Somos também produto das crenças que formamos a partir de experiências anômalas, das influências de amigos e de conhecidos de longa data e da insônia da noite anterior. É mais fácil acabar com o sofrimento agora, pela quebra dos padrões, do que descobrir-lhe a causa real. Podemos assumir o agora; nada podemos fazer quanto ao passado. É melhor usar nossa experiência como o início de uma era de sabedoria do que como a continuação de uma era de ignorância.

Responsabilidade significa capacidade de responder. É uma questão de encarar, de resolver situações lançando mão de nossos próprios recursos. Não podemos ser responsáveis pelo mundo. Sentir-se responsável por ele é tornar-se vítima da responsabilidade. Como diz Yetta Bernhardt, "Competir com Deus é criar um inferno de agonia".

Mudança de Pontos de Vista

Quando decidimos que a tradição de sofrimento na nossa família acaba em nós, então, esse sofrimento pode ser interrompido por uma mudança de ponto de vista. Trata-se de lidar com o processo do vir-a-ser, com o fluxo do ser, de uma forma diferente. Então observamos a vida, o fluxo das forças vitais, e perguntamos: "Como isso poderá ser usado?" Não é o caso de transformar uma coisa em outra; é uma questão de como usar. Não se trata de indagar o que muda, mas quem muda. *Samsara* (o círculo vicioso do sofrimento reativo, criado e perpetuado pelos três venenos da ignorância, da agressão e da necessidade) e *Nirvana* (o estado que transcende as imagens que temos de nós mesmos mantidas pela vaidade e pelos três venenos) ocorrem no mesmo local, dependendo de quem está em casa.

O Fluxo como uma Dinâmica da Vida

O fluxo contínuo de energia e de fenômenos mutáveis é parte daquilo que definimos como vida. Estar desperto e aberto para a novidade de cada instante, sentir a energia de fluir na corrente dos acontecimentos como um surfista sobre a onda, e perceber a qualidade indestrutível da consciência que abarca todos os eventos e fenômenos, refletindo-os sem ser por eles afetada: eis as qualidades obscurecidas pela nossa propensão ao controle, à hostilidade, à probidade. Ora, podemos confrontar a realidade da vida honestamente e sem artifícios, tornando a consciência da nossa condição presente o caminho para a libertação.

Reconhecer nossas fraquezas e nossa capacidade limitada para influir nos acontecimentos pode ser um manancial importante de forças. Do ponto de vista do combate espiritual, mantemos nossas fraquezas diante de nós, para que fiquem no âmbito da nossa consciência. Isso alimenta a nossa honestidade e capacidade de perdão.

A Capacidade de Perdoar

A capacidade de perdoar inclui o sentimento de que estamos dando nova vida às coisas, com honestidade. Não vamos mais arcar com o fardo da vingança. Ela nos mantém aferrados à condição de vítimas, causando mal a nós mesmos e aos outros. Renunciar a esse pretenso direito de infligir sofrimento é o começo de uma vida honesta. Perdoamos a nós mesmos, àqueles de quem fomos algozes, a Deus, ao universo.

A sede de vingança nos mantém prisioneiros. A diferença entre o carcereiro e o presidiário consiste unicamente no fato de que um está atrás e o outro na frente das grades. Quando desejamos vingança, postamo-nos dos dois lados. Quando "partes de nós" castigam outras "partes de nós", nossos recursos interiores se fragmentam. Isso aumenta a impotência do nosso desespero. O perdão liberta tanto o presidiário quanto o carcereiro, pondo um fim à fragmentação.

Gratidão

Isso, por fim, gera a gratidão, uma forma avançada de perdão. Com a gratidão, o coração se abre e a vida espiritual começa. Sem a gratidão, não há desenvolvimento espiritual, apenas encenação vazia. Quando sentimos gratidão pelo milagre da nossa existência, pelo dom da vida, já temos o suficiente e tudo o mais é acessório. Podemos, então, contemplar o prodígio da vida. Por meio do perdão, da gratidão, do apreço e do sentimento de auto-suficiência, o fluxo da vida torna-se antes uma oportunidade que uma ameaça. Não há necessidade de represar esse fluxo, não é preciso nem provar nem ignorar nada. Passamos a apreciar o processo de manifestação e a ter paciência com a amplitude da natureza da vida.

A Paciência em Ação

O processo mediante o qual crescemos espiritualmente exige que nos entreguemos ao fluxo, permitindo que o universal opere através de nós e se integre no nosso ser. Em meio ao fluxo da mudança, há algo em que podemos confiar. E quando chegamos a essa constatação, sobrevém uma paciência serena e apaziguadora.

Podemos experimentar esse tipo de paciência quando — sem nos mostrarmos inibidos ou mecanizados — nos empenhamos por inteiro numa atividade absorvente e excitante. Percebemos o fluxo, as sensações imediatas e de abertura imperturbável ao vencer habilmente corredeiras num caiaque, ao esquiar montanha abaixo sem nenhum esforço ou ao fazer amor com toda a paixão. Quando nos tornamos a própria atividade, sentindo-nos ligados a cada momento, a cada evento, já não estamos apartados da vida. Nesse instante, não estamos à espera de que algo aconteça. Nossa ânsia de amor, como saída para o isolamento, dissolve-se no nosso apego ao presente.

Sem expectativas, sem empecilhos, abrimo-nos para a atividade e para a mudança. Encaramos tudo o que a vida nos apresenta e tudo aceitamos. Confiamos nos fluxos que constituem o nosso ser, que são parte do nosso vir-a-ser e propiciam a vitalidade que nos ampara incessantemente.

Ramana Maharshi fala de passageiros num trem. Vendo a paisagem passar tão rapidamente, temem perder sua bagagem. Agarram as malas e mantêm-nas firmes sobre a cabeça, receando que algum elemento da paisagem fugidia lhas arrebate. Por fim, constatam que eles é que se movem e não a paisagem — e que quem os move também está movendo a sua bagagem. Então, colocam os pertences sobre o assento do lado. Aquilo que é nosso segue conosco. Não é necessário nenhum esforço extra para nos aferrarmos ao que somos ou a quem somos.

Imperturbabilidade

Quando percebemos como é bom ser o que somos, desenvolvemos a natural curiosidade da consciência imperturbável enquanto meio de lidar com a vida e com o mundo, a cada instante. A consciência imperturbável não é um estado passivo e apático; ela encara cada nova situação com um interesse ativo e intenso, sem se deixar distrair ou perturbar. Saber "quem e o que somos nós" é uma viagem de descoberta empreendida a todo momento. Essa consciência, por seu turno, faz nascer a sabedoria especular. Nossa Essência é como um espelho que reflete mas permanece o mesmo, não importando a natureza do que reflete. O grande espelho da consciência reflete tanto o conteúdo — objetos e experiências — como o vazio. Aqui, "vazio" significa o conteúdo despojado de existência própria. Nenhum objeto, comportamento, fenômeno, pensamento ou sentimento tem a realidade própria que habitualmente lhes atribuímos por vermos as coisas como se dotadas de existência concreta. Elas só existem em relação às outras coisas e à percepção que delas temos. A constatação da consciência imperturbável leva ao reconhecimento da natureza essencialmente vazia da realidade e livra-nos de viver como se nossas constatações e idéias fossem verdadeiras.

Perceber o mundo como algo despido de existência inerente pode purgar os nossos apegos e hábitos mentais. Essa constatação é um processo de limpeza, é um banho emocional. No entanto, com essa consciência, não ficamos perdidos em algum vasto espaço abstrato. Como diz o Lama Govinda, ela "revela o 'vazio' nas coisas e as coisas no 'vazio'". Não basta compreender o universal, o infinito, a Essência. Temos de compreender o universal por meio de nossa existência individual e, assim, perceber a Essência na vida.

Essas constatações livram-nos de nossas preocupações habituais a ponto de não termos mais nada a provar, nada a temer, nada a ocultar. Não precisamos mais nos esconder do mundo ou esconder o mundo de nós. Agindo independentemente da nossa programação de vaidade e insegurança, não obscurecemos mais a natureza da graça, nem o dom da vida como ela é. Fluímos com o processo do vir-a-ser e do viver. Acolhemos a experiência e os fatos da vida com interesse, envolvimento e gratidão.

Meditação

Dois tipos de meditação são particularmente úteis para revelar a dinâmica da vida e desenvolver a sabedoria oriunda da contração da esfera do inferno. No primeiro caso temos meditações analíticas e inquisitivas, especialmente as que envolvem a natureza dos fenômenos, do processo e do vazio. O segundo tipo é constituído por práticas energéticas que equilibram e expandem as energias do corpo, particularmente as emoções, de sorte que podemos usá-las para cultivar nossas qualidades vitais e para irradiar essas qualidades para os outros.

Meditação Analítica

Ao praticar a meditação analítica, buscamos revelar nossos padrões de pensamento e sentimento tais como examinar e esclarecer a natureza fundamental da realidade, descobrir o processo de geração do pensamento e chegar a um conhecimento direto da natureza da Essência bem como da fatuidade inerente a todos os fenômenos. Isso, finalmente, traz um conhecimento direto e intuitivo que nos liberta da tirania do pensamento, do sentimento e do comportamento habituais.

Durante a meditação analítica, utilizamos nossa capacidade conceitual para promover um processo intensivo de investigação. À diferença do pensamento cotidiano, durante o qual somos bombardeados por estímulos e reagimos às situações, nas sessões de meditação podemos concentrar-nos e desenvolver uma maior sensibilidade em relação às tarefas da mente.

Inicie a meditação focalizando a atenção na palma da mão ou no ato da respiração, soltando o corpo e a mente até se sentir relaxado e alerta. Se quiser, pode também espalhar o sorriso interior pelo corpo. Mantendo contato com os seus propósitos e com o desejo de libertar-se por meio da meditação, reflita nos benefícios que advirão daí para você e para os seus semelhantes.

Tome nota, mentalmente, dos pensamentos que vão surgindo, catalogue-os e deixe-os ir em seguida ("sensação de tristeza", "pássaro cantando", "sentimento de cólera", "reflexão a respeito do meu sofrimento"). O surgimento, a conscientização e a dissipação de cada pensamento ou sentimento servem para recordar a natureza passageira dos fenômenos.

Depois de fazer isso sem esforço, volte a atenção para o pensador que existe dentro de você. Concentre-se no fluxo dos pensamentos e observe as idéias sobre a natureza da mente.

Agora, metódica e cuidadosamente, tome consciência do Eu. Quem ou o que está pensando, sentindo, meditando? Como isso existe? Isso pode ser localizado? Estará no corpo? Em alguma parte do corpo? Explore todas as áreas do seu corpo, até mesmo os órgãos e as células, com o objetivo de descobrir onde poderá estar o seu Eu. Na mente? Será acaso uma criação da mente? Ela existe concretamente, independentemente, por si mesma?

A seguir, mentalize a desintegração do seu corpo, imaginando que todas as células e átomos se dissolvem e vogam para longe, como açúcar na água. Imagine as partículas que constituíam o seu corpo espalhadas por toda a vastidão do espaço. Agora, faça o mesmo com a mente: dissolva-a e espalhe todos os pensamentos, sentimentos, atitudes, sensações e percepções.

Detenha-se nessa experiência de espaço. Se a consciência do Eu retornar, repita o processo de análise. Como adverte Kathleen McDonald, "não cometa o erro de pensar 'Meu corpo não é o Eu, minha mente não é o Eu, logo, não existo'. Você *existe*, mas não da forma como instintivamente sente isso, ou seja, como algo independente e inerente. Por convenção, o seu Eu existe na *dependência* do corpo e da mente, e essa combinação é a base à qual o pensamento conceitual atribui um nome: 'Eu', ou 'Mary', ou 'Harold'. Esse é o Eu que está sentado, meditando e concluindo: 'Talvez eu não exista!'"

Encerre a meditação reconhecendo que ela foi um passo no processo de arrancar as raízes do sofrimento. Repare na visão nova que adquiriu e nas energias benéficas que ganhou irradiando-as para os outros e para o mundo.

Outra maneira de utilizar esse processo de inquirição é fazer da pergunta o tema da meditação. Em vez de buscar respostas à pergunta, concentre-se na própria pergunta. A mente, por questão de hábito, parece que não pára de buscar respostas. Surge uma resposta, depois outra, pode até mesmo surgir a idéia de que não há resposta, ou de que essa é a resposta. Você se verá tentando incessantemente dar uma resposta adequada à pergunta.

A pausa é uma das experiências que podem ocorrer durante esse processo. Ocorre uma parada nos seus hábitos mentais devido à frustração ou pelo simples relaxamento. Nesse momento você poderá ter em mente apenas a pergunta, penetrar no fluxo e na compreensão da experiência da pergunta, sem tentar consolidar nenhuma posição em especial.

Circulação e Equilíbrio de Energias

O segundo tipo de meditação retoma o processo de usar a atenção para purificar e aumentar a sua energia. Depois de se concentrar e invocar o objetivo da meditação, imagine-se absorvendo ar e energia pela testa. Em seguida, dirija essa energia para os centros energéticos situados na parte da frente do corpo, durante a inspiração, e libere-a pelas costas, durante a expiração. Toque com a língua o céu da boca para que a energia flua facilmente da testa para a garganta. À medida que a energia passa pelos centros ou chakras do seu corpo — testa, garganta, coração, plexo solar, umbigo, sexo, raiz do períneo, cóccix, sacro, ponto das costas oposto ao umbigo, ponto oposto ao plexo solar, ponto oposto ao coração, ponto oposto à garganta, ponto central localizado entre a extremidade da espinha e a base do crânio, e, finalmente, centro localizado no alto da cabeça —, imagine que cada um deles está sendo ativado, equilibrado, expandido.

Nesse processo, sua imaginação provocará sensações que o conduzirão à percepção dos fluxos e padrões de energia. Depois que a energia atingir o centro localizado no alto da cabeça, parte dela poderá ser liberada por ali e parte canalizada para a fronte, a fim de se mesclar às energias absorvidas pelo centro da testa. Essa circulação mantém a energia fluindo, evitando que ela fique parada num determinado centro do corpo. A circulação também estabelece um equilíbrio dentro dos centros energéticos e entre eles. Você também poderá imaginar que está absorvendo energia do céu, ao inspirar, e da terra, ao expirar, mantendo assim o equilíbrio entre ambas e sentindo-se como um ponto de conexão entre elas.

A respiração consciente é uma variação dessa meditação que abre e expande cada centro energético, ou *chakra*. Inspire, canalizando o ar para um centro determinado (é melhor começar pelo da testa) como se estivesse aspirando o perfume de uma rosa, apreciando o seu aroma e absorvendo no corpo essa maravilhosa sensação. Contenha a respiração, como se para saboreá-la, relaxe e deixe a sensação saturar, expandir o centro. Toda vez que você inspirar para o *chakra*, a energia expandirá e penetrará mais fundo. Ao soltar a respiração, as tensões e resistências se desvanecem, deixando atrás de si uma profunda sensação de liberdade.

A Vitalidade da Paciência

Na esfera do inferno, nós nos revoltamos contra a dor da solidão e do isolamento. Mas podemos escapar a esse isolamento mergulhando mais fundo no nosso mundo interior, brandindo o nosso bisturi analítico

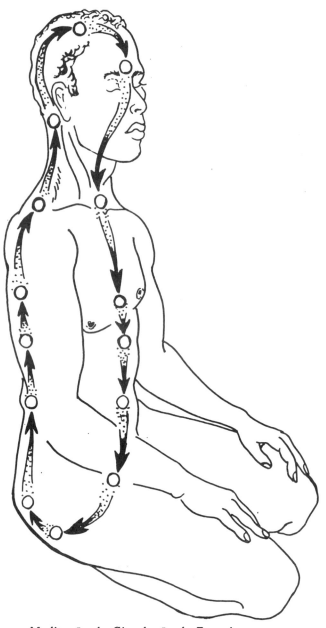

Meditação da Circulação de Energia

e revelando, cirurgicamente, o vazio de nossas identidades, preocupações e histórias. Quando abrimos também as comportas da energia para que ela flua livremente, sentimos a vitalidade e a conexão de cada momento. A paciência não é um estado de expectativa frustrada, mas a sensação de que somos completos a todo instante.

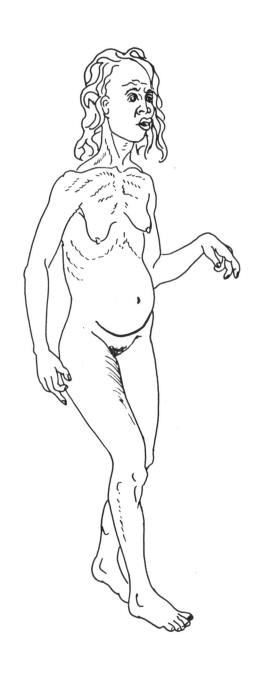

6

Quando o Bastante não Basta
A Esfera dos Fantasmas Famintos e a Geração de Valor

Eeyore, o velho burro pardo, parou ao lado
Do regato e contemplou-se no espelho das águas.
"Patético!", resmungou. "Eis o que é: patético!"

> A. A. Milne, *Winnie the Pooh*

Sons de passos na lembrança,
Pela vereda que não descemos,
Para a porta que nunca abrimos
Do jardim de rosas.

> T. S. Eliot, *Burnt Norton*

O trabalho é o amor tornado visível.

> Kahlil Gibran, *The Prophet*

A esfera dos pretas, ou fantasmas famintos, é habitada por seres de bocas enormes, olhos dilatados, pescoços finos e compridos, membros engelhados e ventres intumescidos. Estão sempre famintos, a devorar constantemente qualquer coisa que lhes pareça capaz de satisfazer o seu insaciável apetite. Mas ali não há nunca o bastante. Supõem que, se ao menos os pedaços perdidos de suas vidas ali estivessem, seriam felizes.

Seu apego ao desejo transforma a água em fogo. Toda vez que tentam aplacar a sede, não só não conseguem fazê-lo — pois a água se torna fogo —, como mais necessidade ainda têm dela.

Avalokiteshvara apresenta-se como o seu pai espiritual Amitabha e como a Mãe Divina Pandaravasini. Amitabha é vermelho como o sol poente. Tem as mãos no regaço, em postura de meditação, e segura uma flor de lótus totalmente aberta (símbolo da meditação abrangente e criativa). De seu coração parte a intensa luz rubra da sabedoria do discernimento. Senta-se num trono em forma de pavão. Pandaravasini, sua consorte, também é vermelha, mas usa um manto branco, símbolo da sua natureza imaculada. Amitabha projeta uma imagem cordial e reconfortante enquanto transmite a capacidade de discernimento àqueles seres promíscuos e insaciáveis. Pandaravasini reconhece sua verdadeira natureza e afaga-os com a sua presença magnética. Ambos parecem, aos pretas, *capazes de atender a todo e qualquer desejo ou necessidade.*

O divino casal dá a cada preta *uma jóia coruscante e inestimável, instruindo-o a passá-la adiante e a desviar os olhos dela, fixando-os na face de quem a recebe. Assim, o* preta *detém a posse da jóia apenas pelo tempo suficiente para apreciar o valor do presente, antes de transferi-la a outrem, que por seu turno faz o mesmo. Dessa forma, cada* preta *aprecia as qualidades da jóia, desenvolvendo assim a faculdade do discernimento. Cada qual transfere esse valor ao outro, ampliando sua generosidade e compreendendo que é mais lucrativo ofertar o objeto do que deter a sua posse.*

"Não me acho digna de ser amada; portanto, quem se interessaria por mim? Estou amarrada a um emprego malpago de professora, que pode ser bom para os alunos, mas não vem de encontro aos meus desejos. Minha música não é muito boa e não me sinto suficientemente motivada para buscar outra atividade fora do meu emprego. Receio bastante que as pessoas não apreciem a minha música. Eu era melhor quando mais jovem. Estava casada e sentia que começava uma carreira. Hoje, todas as pessoas que conheço andam fazendo coisas mais importantes, mais excitantes e mais respeitáveis do que eu. Sou divorciada, as minhas amigas são casadas. Em verdade tenho uma boa casa e uma pensão alimentícia, mas não posso viajar como minhas amigas ou comprar um carro decente, nem mobiliar a casa como gostaria. Sinto-me vazia e solitária porque ninguém pensaria em desposar uma pessoa de meia-idade, um tanto neurótica, só moderadamente atraente e ainda por cima com filhos."

Essas queixas de uma participante de nossos seminários são típicas daqueles que olham desesperançados para o que perderam na vida.

A Preocupação com a Insuficiência

A esfera do *preta* ou fantasma faminto é um estado mental onde impera o sentimento de insuficiência e inadequação. Como habitantes dessa esfera, temos um desejo insaciável; percebemos o eu, os outros, o mundo, o presente e o passado em termos de avaliações comparativas; tratamos a experiência e as situações como oportunidades de consumo; e achamos que a fonte de nossa inadequação e insatisfação localiza-se no passado.

Nessa esfera, lidamos com o que se foi, com o que se perdeu, com um passado idealizado e com um futuro fantasioso. Nossa principal preocupação é encher o vazio interior e evitar que a vacuidade física e emocional nos esmague. Se ao menos obtivéssemos satisfação, se ao menos adquiríssemos um senso de importância e valor poderíamos preencher permanentemente esse vazio. Em meio a essa luta, ficamos insatisfeitos com o presente e ignoramos o valor do que existe agora.

Quando nos sentimos profundamente empobrecidos, a discrepância entre o que somos e o que gostaríamos de ser parece um julgamento negativo. Podemos sonhar com um passado em que tudo era melhor ou olhar para um futuro aparentemente inacessível. Não importa de que modo tentemos medir ou avaliar o nosso mérito, a nossa competência e as situações da vida. Nunca estaremos à altura. O apetite por aquilo que queremos — amizade, idéias, informação, dinheiro, poder, respeito, alimento, sexo — sempre supera o que de fato possuímos ou poderíamos conservar.

Fome Constante

Como fantasmas famintos, queremos devorar a vida, crendo que assim nos sentiremos mais ricos. Temos um apetite eterno por novas experiências capazes de preencher o nosso vazio. Insatisfeitos, vemos a vida como um obstáculo entre nós e aquilo que queremos. A dor da frustração aumenta quando percebemos que não podemos alcançar aquilo que almejamos. E isso, por sua vez, intensifica a sensação de inadequação, que só atiça a nossa voracidade.

Mesmo quando nos locupletamos com aquilo que queremos, tendemos a acelerar o processo na ânsia de superar a dor do desejo, deixando assim de adquirir experiência, como se emborcássemos de uma vez uma garrafa de bom vinho. A frustração da perda do paladar leva-nos a consumir ainda mais. Por fim, empanzinados com o excesso, lamentamos não ter degustado calmamente o prazer.

Oscilamos entre o empenho em satisfazer desejos e a frustração de não conseguir o que queremos. A força que está em ação neste caso é a fome: o desejo constante do que não se tem. Ansiamos por nos ver livres da fome insaciável e de qualquer tipo de insuficiência.

Nessa esfera, estamos sempre revendo as belas coisas que existiam na nossa vida, ou que poderiam e até deveriam existir nela agora. Fantasiamos um oásis de fartura enquanto palmilhamos o deserto do "agora". Visualizamos o fruto delicioso e ficamos desapontados ao descobrir que ele tem vermes ou é caro demais. Freqüentemente devaneamos quanto à possibilidade de satisfazer os nossos desejos e lutamos por isso... apenas para descobrir que tudo foi inútil ou não era o que esperávamos.

A Busca de Alívio nos Sonhos

Não desanimamos com o desapontamento porque só o que sabemos fazer é sonhar com outras possibilidades de alívio. Assim, continuamos a perseguir as nossas fantasias, para recapturar um passado idealizado ou para planejar um futuro imaginário, sempre na expectativa de que as coisas, de alguma forma, funcionem.

Um dos resultados dessa perseguição incansável é o relacionamento de amor e ódio com os nossos sonhos. Em vez de utilizá-los para inspirar uma ação criativa em prol de nossos objetivos, nós os transformamos em deuses com plenos poderes sobre as nossas vidas. Sentimo-nos atraídos pelo seu fascínio, mas repelidos pelo desapontamento e frustração que provocam. Sentimos algum bem-estar quando, mentalmente, encenamos esses sonhos — mas, ao tentar materializá-los, deparamos com a dor inevitável da insatisfação.

Essa dor da insatisfação, entretanto, permite que nos sintamos reais. Podemos até elevar a insatisfação ao nível de ideal, pois ela nos motiva para a ação e a realização. Nossa canção-tema é "*não é suficiente*": a vida não é suficiente, a riqueza não é suficiente, a excitação não é suficiente, as realizações não são suficientes, as experiências não são suficientes, o prazer não é suficiente, os desafios não são suficientes. Nunca há o suficiente daquilo que nos faria sentir íntegros, adequados ou dignos.

A fome e a dor da insatisfação, aliadas ao sonho da satisfação, proporcionam-nos algo com que lidar, algo que pode nos levar a sentir que existimos e temos uma tarefa a cumprir neste mundo. Nessa esfera, a busca é pelo Paraíso Perdido, onde tudo nos era dado, onde nos sentíamos realizados e unificados com o universo.

Perda e Privação

O que mais magoa, nessa esfera, é o senso de perda e privação. Explicamos a nossa fome íntima examinando o passado e focalizando a atenção no que nos foi tirado e na forma como fomos abandonados. Criamos complicadas teorias a respeito da infância perfeita que não tivemos. Concluímos que nossas necessidades de criança não foram atendidas e que agora devem sê-lo para nos sentirmos completos.

Um modo popular de promover a cura de nossas carências usa o conceito da "criança interior", personificação daquela parte de nós que foi ferida. Como metáfora para fixações em necessidades e desejos, essa abordagem pode mostrar-se eficaz na exploração dos esquemas evolutivos e no trato dos problemas emocionais, caso nos resolvamos a adotá-la. Entretanto, como princípio organizador ou contexto para os nossos relacionamentos (ou, ainda, como meio de nos sentirmos reais), ela nos afasta do presente, fragmenta-nos e impede que cresçamos. Viver para agradar à criança interior é como se comportar para agradar ao Papai Noel. Embora útil em determinado período da nossa vida, como realidade definitiva ela nos impede de amadurecer e desenvolver. Assim, temos de ter cuidado para não transformar um instrumento de crescimento em mais uma das fixações da esfera.

Em Busca da Piedade

Temendo a solidão na nossa luta para ser o suficiente, para ter o bastante, buscamos a piedade. A piedade é a concordância dos outros ou de alguma parte de nós mesmos, o reconhecimento de que a nossa situação é lastimável e por isso justifica o sentimento de privação e amargura. Usamos a piedade para validar o empenho em provar que somos suficientes. Também a usamos para sentir a conexão e a integração, ainda que isso se faça por intermédio da "deformidade" da nossa inadequação. Esgotamos a nossa existência atual para atrair piedade para a história de nossas perdas.

Quando adotamos uma atitude de autopiedade, costumamos estabelecer alianças com outras pessoas que sentem a mesma coisa, de modo a formar relações mutuamente convalidantes. Graças à simbiose das relações de atenção simpática, nós nos "alimentamos" uns aos outros com histórias atormentadas de necessidades não-satisfeitas, de abandono, de violação, de desapontamento e de sonhos de redenção.

Como *pretas*, usamos grupos de apoio para alimentar nossa autopiedade e não para robustecer relacionamentos que nos ajudem a superar a dor e alcançar maturidade, autonomia e a capacidade básica de criar valores. Transformamos passos em paradas, como um modo de nos apegarmos à nossa identidade *preta*.

Comparações e Lamentações

Como fantasmas famintos, nossas constantes comparações aumentam o sentimento de privação e de inadequação. Comparamos o presente com o passado; o presente, com as nossas idéias sobre como ele deveria ser; o passado, com o que ele deveria ter sido; nós mesmos com os outros; e o que é com o que poderia ser. "Por que nada é como deveria ser?" "Por que sou menos do que poderia ter sido?"

Prestamos mais atenção naquilo que não estamos conseguindo do que naquilo que estamos dando. Definimos satisfação mais em termos do que temos e consumimos do que em termos do que criamos e produzimos. Vivemos no mundo do que poderia ter sido, e não no mundo do que de fato é. Só vemos as estradas que não tomamos, ignorando as que ainda se estendem à nossa frente. Nossos valores se tornam necessidades, em vez de serem fontes de energia para a alma e fundamentos do ato de compartilhar. Consideramos os objetivos como indicadores de fracassos, não como guias, e cremos que as informações são prova de erro. Apegamo-nos ao que fazia diferença, não ao que importa agora; insistimos na maneira como o passado limita o futuro, em lugar de nos abrirmos para a atividade presente.

Olhando o presente à luz de como o passado não foi, e esse passado que não aconteceu como algo que deveria ter acontecido, suspiramos "ah, se..." diante da vida e começamos a ruminar saudades. As saudades fomentam a frustração e o desapontamento, fixando-os na nossa memória e tornando-os parte da nossa história pessoal. Nutrimos um sentimento difuso de aflição e de saudade que sempre se dissimula por trás de nossas ações e emoções.

Com esses "ah, se...", instalamos a vida numa moldura condicional de referência. Vida, felicidade, atividades, relacionamentos e ações, tudo é condicionado pelas nossas comparações, juízos e saudades. A avaliação daquilo que podemos ser, vir a ser e partilhar é determinada por nosso passado "sacrossanto". Juízos quanto ao que deveria ter sido e deve ser assolam-nos no momento presente. Achamo-nos na condição de reféns até que o nosso anseio possa ser satisfeito e as nossas saudades, dissolvidas.

A Postura do Coração de "Não Ser o Suficiente" e a Saudade

Mesmo quando agimos com coerência e as coisas começam a funcionar para nós, sabotamos o presente com os nossos "ah, se...". Arrancamos a derrota das mandíbulas da vitória. Isso acontece porque a postura do nosso coração é a de que "não somos o suficiente"; então esquadrinhamos experiências e sucessos até descobrir como as coisas falham. Uma vez que consideramos reais o desapontamento e a saudade, forçamos as situações até sentir esse desapontamento, essa saudade. Só então nos consideramos seguros da verdade.

O Conforto da Familiaridade

Comportamentos ineficazes e que provocam sofrimento parecem reais porque nos são familiares. Essa familiaridade engendra um falso senso de solidez, o sentimento de que alguma coisa em nós desafia o tempo. Quanto mais repetimos comportamentos, mais eles se tornam fáceis e confortáveis. Tais ações já não requerem nenhum esforço de decisão ou de implementação. Essa facilidade nos traz bem-estar, ainda que os resultados possam mostrar-se dolorosos e decepcionantes. Desse modo, os comportamentos ineficazes são reforçados e se transformam em hábitos. E os hábitos, uma vez que parecem desafiar o tempo, aplacam o nosso anseio por uma identidade permanente.

Apegamo-nos a comportamentos familiares e aos objetos que eles tentam garantir. A natureza do apego é que nunca extraímos o bastante daquilo que realmente não queremos — mas pensamos que extraímos. No caso do apego, a postura do coração é o "quase". Parece que um pouco mais de "quase" seria "aquilo"... e que mais "quase" ainda haveria, em definitivo, de ser "aquilo". No entanto, "aquilo" sempre acaba por revelar-se um "quase".

Quando estamos com sede e comemos batatas fritas, elas "quase" matam a nossa sede. Então engolimos porções e mais porções, talvez dois ou três saquinhos de batatas fritas apenas porque não temos cinco. O sal, porém, nos desidrata, deixando-nos ainda mais sedentos. Mais sede, mais sal; mais sal, mais sede. Da mesma forma, quanto mais numerosos os hábitos, menores os resultados; quanto menores os resultados, mais numerosos os hábitos.

Desperdiçar a Vida e Fingir que não

Esses ciclos nos ferem e nos distraem. Desperdiçamos a experiência do momento focalizando a atenção no melodrama do nosso mundo interior. Não estamos vitalizando a nossa atividade, mas a nossa carência, a nossa fome. Alguma coisa lá dentro sabe que estamos desperdiçando a própria vida.

Uma dor espiritual real na alma é constantemente evocada por essa insistência em ignorar o momento presente. Se a nossa história for suficientemente dramática, a dor espiritual poderá, de certa forma, ser amenizada pela distração. No entanto, bloquear a lucidez não cura nada. Pessoas costumam cair no sono pouco antes de congelar até a morte.

Nosso corpo e nossa alma sabem que a mente não se incomoda com o que "é", preferindo voltar a nossa atenção e energia para as histórias. Fazemos o jogo do "faz de conta". Façamos de conta que o passado é, na verdade, o "agora". Façamos de conta que as saudades que sentimos são reais e justificadas. Organizemo-nos de forma que o "faz de conta" pareça real, tão real a ponto de nada mais parecer real.

Nossos fingimentos constituem uma distorção daquilo que somos. O fingimento [em inglês, *pretense*] é uma "pré-tensão", ou seja, criamos tensão antes de os fatos realmente acontecerem a fim de controlar e sustentar uma realidade pessoal imaginária. Essas distorções são uma ferida perpétua, mas que pode ser curada instantaneamente se nos apegarmos ao que "é" de maneira incondicional, sem programações ou considerações. Até que isso aconteça, sentimos a dor da contração da nossa alma e cremos que essa dor seja, na realidade, uma fome insatisfeita. Tentamos enfrentar uma dor espiritual interpretando-a como um fenômeno físico ou emocional. Além disso, tememos a abertura por meio da qual ocorre a verdadeira criação, interpretando-a como uma ameaça à nossa existência e ao sentimento de que somos reais.

Na esfera *preta*, tudo se define em termos de comparações. A experiência do que "é" cede à comparação constante com o que *não* "é". Tornamonos fantasmas na vida porque, em vez de vivê-la como ela é no momento atual, assombramos cada experiência com comparações, sem no entanto deixar de ter fome de experiência. Dessa maneira, o fantasma faminto continua a definhar no meio da abundância. Divorciamo-nos da vida e mergulhamos no sofrimento, uma situação que é familiar e que nos parece controlável, senão satisfatória e vívida. Toda experiência, pois, vem a ser um estímulo para que nos refugiemos outra vez na convicção de que nunca teremos experiências satisfatórias.

A Ânsia de Satisfazer Desejos Insaciáveis

Como *pretas*, caímos na armadilha de supor que a satisfação e o significado podem ser alcançados pela realização de desejos irrealizáveis. Assim angustiados, mergulhamos mais ainda no processo de fantasiar como a vida costumava ser, deveria ter sido, poderia ter sido ou deveria ser.

Ademais, apegamo-nos aos nossos hábitos dolorosos como a algo familiar, embora desejando que uma mudança venha pôr cobro aos nossos sofrimentos. Queremos a imortalidade para o que somos e a extinção para o que padecemos. Tentamos perpetuar o eu que se sente penosamente real e eliminar a dor que torna válida a nossa existência e empresta significado à nossa vida. Vemo-nos apanhados entre o medo da dor do desejo e o medo de que talvez não existamos, ou de que a vida possa carecer de significado.

O Mundo Reduzido a Bens de Consumo

Quando procuramos estabelecer a realidade de nossa própria existência, tratamos nós mesmos, os outros, as experiências e o mundo como coisas a serem consumidas. Em suma, reduzimos tudo isso a dados e objetos.

Buscamos informação sobre como essas coisas podem atender às nossas necessidades e quanto elas nos custarão. Tudo passa a ser um bem de consumo. Reduzindo cada coisa à quantidade de satisfação que ela pode nos dar, ficamos cegos para as qualidades que a tornam individual e única. Não apenas ignoramos as outras pessoas e a riqueza da vida como tentamos nos esconder delas, com medo de seus aspectos inusitados.

A Farsa Espiritual do Buscador Humilde

Como *pretas*, vivemos atrás de uma experiência espiritual que preencha o vazio interior. Participamos de seminários, fazemos retiros e recorremos a numerosos mestres. Pensamos que, se nos fartarmos com as iguarias do mercado espiritual, vamos nos sentir realizados e serenos. Queremos um mestre que atenda às nossas necessidades. Embora pressintamos que o nosso sentimento de carência provém de uma profunda fome espiritual, compramos aquilo que nos faz sentir melhor, e descartamos aquilo que é confuso e desconhecido. Pensamos: "Ah, se eu tivesse o mestre certo! Ah, se eu tivesse começado antes! Ah, se eu tivesse aprendido a ser disciplinado em criança! Então, sim, eu seria um mestre. Então eu poderia praticar a compaixão. Então eu seria tranqüilo e feliz."

Achamo-nos ineptos para a obra espiritual e derrotados em comparação com o mestre e com outros discípulos mais aplicados. O mestre parece remoto e inacessível, o aprendizado, longo e muito caro. Humilhados, curvamo-nos ao sentimento da derrota, em vez de sentirmos gratidão pelos ensinamentos e de nos maravilharmos ante a riqueza da vida.

Criação do Valor

Os sentimentos de perda, decepção e saudade refletem a ânsia por algo que falta, por uma riqueza maior. A riqueza é, também, a base da dinâmica natural de geração do valor subjacente a essa esfera. Quando criança, damos e recebemos naturalmente. Mesmo quando recebíamos, a nossa própria presença já constituía uma generosidade. A preocupação com o consumo surgiu quando fomos encorajados a definir o que queríamos e a atentar para o que "faltava".

Por trás de cada necessidade existe um valor, algo que merece manifestar-se no mundo. O importante não é a coisa que, a nosso ver, irá satisfazer o valor, mas o valor em si. Vale a pena possuir o valor porque ele melhora a qualidade de vida. Dessa perspectiva, o valor de transportar pessoas é mais importante que a posse de um carro. Criar um ambiente acolhedor para o convívio com outras pessoas é mais importante que ser atraente.

O valor é, para o espírito, o que o ar é para os pulmões. Todo comportamento supõe um valor, mesmo quando esse comportamento não passa de um meio distorcido de alcançar o valor. Estamos constantemente tentando realizar algo que valha a pena, embora talvez usemos meios arcaicos e ineficazes para atingir nossos objetivos.

Rumo ao Desconhecido

A surpresa é uma forma de escapar a essas rotinas familiares. A surpresa quebra os nossos padrões de fome, de controle e de expectativas. Trata-se do principal ingrediente nas experiências de deleite e humor. Ela nos abre para o desconhecido, passa a "insciente" maneira de ser.

Quando não sabemos e conseguimos aliviar a tensão do "deveríamos saber", o "não-saber" pode se constituir numa abertura natural para nos tornarmos mais lúcidos. Em meio a essa lucidez sem barreiras, vemos a radiância e a interligação de todos os seres e fenômenos. Avançamos para além do nosso mundo interior de privação e isolamento. Essa lucidez não é uma forma de pensamento lógico, mas uma visão límpida, intuitiva. A visão é possível quando meditamos de um modo que liberte a nossa consciência de programações, preconceitos e pretenso conhecimento.

A capacidade de meditar com abertura exige disciplina, tempo e conhecimento de si mesmo. Na meditação, nós freqüentemente repetimos as vitórias, as ordens do dia e as idéias de nossas vidas. Praticamo-la com objetivos, programações e idéias sobre o que pode e deve ser conseguido. Esses se tornam os nossos sonhos espirituais, aos quais, por comparação, atrelamos a nossa prática. Se permitirmos que o processo se arraste, a meditação se torna viciada e, potencialmente, uma fonte de sofrimento *preta*.

A Chave da Meditação

A chave para uma meditação sem ranço está na descontração do "não-saber". Repare na presença de objetivos e idéias. Compreenda que, também eles, fazem parte do aparato da ilusão e da fantasia. Reconheça que não sabemos o que estamos fazendo ou quem está fazendo. Abra-se então para o que, realmente, acontece no momento. O desconhecido está sempre presente, mas obscurecido pelo nosso conhecimento, nossos conceitos e filtros de percepção. Abater essas construções mentais permite um conhecimento mais direto, isento de dualidades e de idéias.

Radiância Ilimitada

A ilimitada radiância de cada momento proporciona a luz para se ver com clareza. Dessa visão intuitiva provém a consciência do valor inerente a toda experiência. Concordamos em dar como um aspecto natural da lucidez. A luz ilimitada revela a natureza ilimitada da vida, a lucidez infinda e penetrante de cada momento.

Temos vislumbres dessa radiância ilimitada quando vivemos o nosso primeiro amor. De repente, nossa alegria já não conhece barreiras e o mundo inteiro se enche de vida. Uma energia luminosa flui do nosso coração, espalhando-se pelo universo. Todas as cores ganham viço, todas as linhas se destacam. Todos os sons são musicais. É um momento eterno, uma experiência que transcende os nossos conceitos e a nossa imaginação. Nosso ser sente-se mais elevado, engrandecido.

A abertura derivada do "não-saber" torna possíveis os passos subseqüentes rumo à liberdade. Num certo sentido, a saída da esfera do fantasma faminto faz-se por meio da abertura e da generosidade. Quando vencemos a pressão para "conhecer" e nos abrimos para o que está aqui agora, essa própria abertura gera o presente. E o sentimento do presente gera a satisfação e o deleite.

Nós, então, queremos compartilhar isso com os outros. E o primeiro presente que temos a oferecer é a nossa atenção. Quando damos a nossa atenção, ela transmite a energia e a intenção que alimentamos.

O Caminho da Oferta

A libertação da esfera *preta* rumo à compreensão da geração do valor e da generosidade envolve a prática da oferta. Para dar, temos primeiro de encontrar algo que mereça ser dado, algo de valor. Conseguimos isso atentando para a riqueza do mundo e da vida. Vemos o que aí está e como a vida é gratificante, especialmente as suas possibilidades e os nossos recursos interiores. Então, selecionando esses recursos, transmitimo-los aos outros. A preocupação e a piedade em relação a si mesmo, próprios dessa esfera, começam a desintegrar-se quando passamos adiante o dom da nossa atenção e da nossa energia.

À medida que investigamos a nossa natureza, passamos a compreender que o nosso ser gera valor. O fato de "existirmos" gera valor. Não há nada de especial nisso. Nossa natureza, por si mesma, evidencia e gera valor. Esse valor não depende da nossa experiência e, no entanto, inclui o que valorizamos nessa experiência.

A busca de significado é, no fundo, o desejo de estar em contato com o nosso mérito inerente. Até a nossa presença contribui para fazer do mundo o que ele é, simplesmente por sermos o que somos. Eis aí algo bem diferente dos valores utilitários ou relativos, que condicionam. Nossa presença é o mérito do Divino manifestando-se por nosso intermédio — nossa existência é uma afirmação e uma bênção do Divino. Esse valor inerente reflete-se em todos os outros seres e em todos os seus relacionamentos.

Assim, nossa generosidade nasce do valor que inerentemente criamos, bem como da nossa necessidade instintiva de compartilhar e conviver. Com o tempo, nossa crescente capacidade de expressão estende-se a domínios mais funcionais e relativos, contribuindo com algo de valor para os outros.

Estabelecimento de Bases para o Despertar

Despertar para as qualidades naturalmente dinâmicas do nosso ser e compreender as qualidades de sabedoria do viver exige um trabalho consciente. Embora a iluminação seja uma espécie de reconhecimento e possa acontecer num instante, o terreno precisa ser preparado previamente. Criamos as condições ideais fornecendo o necessário a cada etapa do processo preparatório, valendo-nos da consciência e das práticas energéticas. Muitas são as etapas do processo. As sementes têm de ser plantadas pela iniciação ou pela transmissão; segue-se um estágio latente: então, por meio das práticas, cultivamos as sementes e garantimos as condições favoráveis ao crescimento; por fim, depois de um período de crescimento, nossos esforços ostentam o fruto da compreensão.

Trabalhamos para conseguir a plenitude. Depois de adquirir a compreensão intuitiva de que somos parte de um todo e de que cada um de nós possui o todo, ou Essência, como nossa base, constatamos que somos uma expressão consciente do todo. Então, podemos despertar para a realidade da verdadeira liberdade. De sorte que a compreensão resulta na constatação e a constatação resulta na liberdade.

Diz o Lama Govinda:

> O budista não se empenha em "dissolver o ser no infinito", em fundir sua consciência finita com a consciência do todo, ou em unir a sua alma à alma universal; seu objetivo é tornar-se *consciente* da sua plenitude eterna, indivisível e indivisa. A essa plenitude nada pode ser acrescentado, dela nada pode ser tirado. Ela só pode ser experimentada e reconhecida de um modo mais ou menos perfeito.

A finalidade do trabalho espiritual não é expandir a consciência individual até os limites do universal cósmico, mas compreender que o universo se torna consciente em cada um de nós. O conceito dualista do eu e do outro, do individual e do universal, do dentro e do fora, da parte e do todo, do "Eu" e do "Não-eu", é ilusório. Tem a sua utilidade funcional conforme o contexto, mas não é uma realidade em si mesmo. Do ponto de vista da plenitude, a verdadeira compreensão tem todos os elementos da universalidade sem a presunção de um cosmos exterior, e todos os componentes da experiência individual sem o postulado de uma entidade ou identidade separada.

Nossa firme indagação a respeito da natureza dos nossos pensamentos e sentimentos recorre a tudo como meio de alcançar a compreensão e a liberdade. Entendemos que as nossas necessidades e desejos são manifestações da nossa sede de vida, constatação a que se chega graças à lucidez de cada momento.

Toda pessoa, todo ato, todo processo de vir-a-ser e desaparecer é a expressão de uma realidade transcendente que se torna consciente em cada um desses fenômenos. Assim, os "conteúdos" da vida cotidiana lembram histórias simbólicas que revelam significados por trás das pessoas e acontecimentos específicos que descrevem.

A Sabedoria da Radiância e a Geração de Valor

À medida que praticamos e crescemos, a luminosidade de nossa radiância ilimitada torna-se uma dádiva para todos. Nosso ideal é o conceito budista do *bodhisattva*. Os *bodhisattvas* são pessoas que, em sua própria senda rumo à iluminação, dedicam-se a aliviar o sofrimento de todos os seres sensíveis. *Bodhi* significa a compreensão ou a inteligência da natureza última da realidade, ou Essência, e *sattva* é um ser autêntico, motivado pela verdadeira natureza. A compaixão é a expressão do ser autêntico. O *bodhisattva* procura combinar compaixão infinita com sabedoria infinita. O caminho do *bodhisattva* é a jornada heróica do ser desperto. O arquétipo para esse tipo de herói é Avalokiteshvara, alguém cujo coração dói mais que a cabeça, alguém que investe sua libertação nos outros.

Essa jornada depende do desenvolvimento de três dimensões de trabalho. A primeira é a autoconfiança. Temos de ser capazes de assumir a responsabilidade por nós mesmos, e de dar a devida atenção aos aspectos físicos, emocionais e espirituais de nossas vidas. Uma vez habilitados a cuidar de nós mesmos, podemos servir aos outros, o que já é a segunda dimensão. Essa dedicação aos outros faz com que as fronteiras do eu se dilatem, se tornem transparentes e transmitam imparcialidade, relacionamento, paciência, generosidade de espírito, presença e harmonia. A terceira dimensão refere-se ao trabalho com a dança energética do mundo. Ao viajar por essas três dimensões, estamos sempre trabalhando com o eu, o outro e o mundo.

O trabalho espiritual é o processo de transformar o corpo-hábito — nossas formas habituais de pensar, sentir e agir — no corpo-dedicação, de modo que a nossa maneira de ser e nossas ações se voltem para o bem dos semelhantes. Imitando o *bodhisattva*, cultivamos o corpo-dedicação como um presente para os outros, um amparo em sua busca de liberdade, antes que nós próprios penetremos no vazio da libertação final.

Meditação sobre os Sofrimentos Alheios

Recomendamos aqui três exercícios para o desenvolvimento do corpo-dedicação. No primeiro, meditamos sobre o sofrimento e a compaixão; no segundo, extraído da escola chinesa Hwa Yen, irradiamos virtudes; e no terceiro, recolhemos o sofrimento alheio, transformamo-lo e emitimos radiância.

Para começar, concentre-se e mantenha o seu propósito em mente. Visualize ou sinta todos os seres do espaço que o cerca e contemple o seu sofrimento. Pense na dor de seus pais e parentes. Abra o coração para as suas dificuldades físicas, psicológicas e emocionais, compreendendo que, como você, também eles desejam livrar-se de todos os padecimentos. Perceba como seria maravilhoso se eles pudessem sentir-se livres, serenos e felizes.

Repita o processo com pessoas conhecidas, ou de quem não gosta, constatando que elas são governadas pelos mesmos esquemas habituais que o governam. Abra-lhes o coração, a eles e a todos os seres.

Uma das variações desse exercício consiste em praticá-lo com um parceiro. Imagine que há um cristal no meio do seu centro do coração e focalize ali a sua atenção. Encha todo o corpo com a radiância desse cristal, percebendo-a como luz, vibrações sonoras, sensação. Irradie-a em todas as direções, incessantemente. A seguir, inspirando, receba a radiância do seu parceiro. Ao expirar, transmita-lhe a sua própria radiância. Amplie a recepção e o envio de radiância a todos os seres. Perceba as vibrações do dar e do receber. Finalmente, relaxe e aguarde. Termine oferecendo a sua meditação em benefício de todos.

Irradiação de Virtudes

O segundo exercício começa com o acesso a uma série de virtudes interiores. Quando você sentir o corpo e a mente invadidos pela qualidade de uma virtude particular, irradie-a, preenchendo com ela todo o espaço à sua volta. Comece com as qualidades a seguir:

Um Grande Coração Compassivo, que anseia por tudo proteger.
Um Grande Coração Amoroso, que anseia por tudo beneficiar.
Um Coração Compreensivo, que gera empatia e acolhida.
Um Coração Livre, que anseia por remover as obstruções dos outros.
Um Coração que preenche o universo.
Um Coração Infinito e Vasto como o Espaço.
Um Coração Puro, não limitado pelo passado, presente ou futuro.

Essas qualidades já existem dentro de você; a questão é ter acesso a elas, amplificar a sua ressonância e irradiá-la para os outros.

Receber e Dar

Você poderá fazer um exercício simples de receber e dar para depois desenvolver esse sentimento de relacionamento e compaixão. Comece visualizando um buraco negro — tão intenso que nem a própria luz consegue escapar de seu campo gravitacional — no coração. Pensando em algo que o faz sofrer, considere que outros seres também estão sofrendo da mesma maneira. Sentindo o buraco negro em seu coração, inale o seu sofrimento e o de todos os seres. Compreendendo que, se fosse possível, você daria a vida para remover todos os sofrimentos do mundo, mantenha esses sofrimentos no coração. Sentindo a pressão do fôlego contido e do centro do coração para transformar o sofrimento na sua energia essencial, evoque a alegria que fez a sua vida digna de ser vivida. Ao expirar, irradie essa alegria na forma de luz branca para os corações de todos os seres.

Dessa forma, estará tornando o centro do coração um transformador e gerador de valor. Seu coração digere a energia do sofrimento e a usa como alimento para gerar lucidez em si próprio e nos outros. A vida passa a ser uma academia do espírito, e você se vale das situações cotidianas como de uma oportunidade para exercitar e desenvolver os seus músculos espirituais.

Quando nos abrimos assim para a nossa própria lucidez e irrompemos através das habituais limitações da nossa alma, queremos que o nosso coração sofra para sentirmos ternura. Podemos sentir uma mudança no coração, e, como sucede com outras mudanças significativas na vida, perdemos algo de familiar. A solidez da nossa identidade conhecida e a orientação rumo ao que é real esboroam-se, revelando a natural radiância e plenitude que existem em nós.

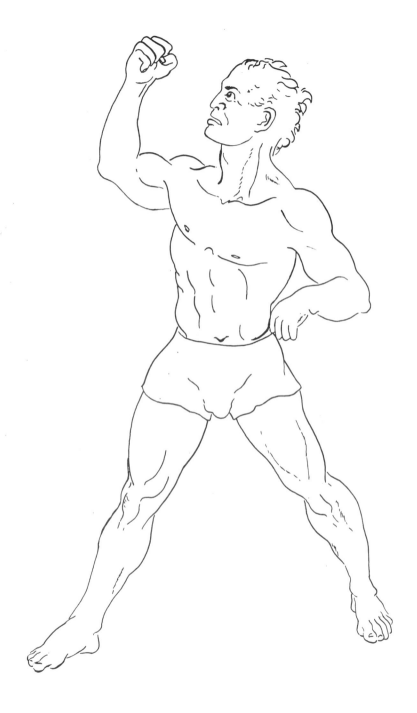

7

Além da Luta e da Busca de Poder Pessoal
Da Esfera dos Titãs às Habilidades Pessoais

Decerto, vencer não é tudo. É a única coisa.

"Red" Sanders

O fanatismo consiste em redobrar esforços quando se esqueceu o objetivo inicial.

George Santayana, *Life of Reason*, Volume I

Só quando amor e necessidade se identificam
E a obra é feita para benefício mortal
A missão foi realmente cumprida
A bem do Céu e do futuro.

Robert Frost, "Two Tramps in Mud Time"

Os Titãs, armados até os dentes, são seres inflamados de inveja. Tudo vêem como luta, sentem-se acossados pelos deuses; por isso, buscam o poder para se transformar num deles. Uma árvore gigantesca cresce na fronteira entre a esfera dos titãs e a esfera dos deuses, e dá o fruto da satisfação dos desejos. Embora essa árvore esteja no território dos titãs, os frutos caem na terra dos deuses. Estes, ignorando de onde vêm as bênçãos, comem os frutos e cospem os caroços por cima do muro divisório, caroços que os titãs tomam por flechas de assalto. Disparam lanças e setas na direção dos deuses, as quais, magicamente, transformam-se em flores quando caem na esfera vizinha.

*Avalokiteshvara aparece aos titãs como o Pai Espiritual Amoga-
siddhi, que realiza os objetivos e a sabedoria que tudo consuma, e como
a Divina Mãe Tara, a Todo-Piedosa. Amogasiddhi é um guerreiro hábil
e impecável, sempre frio e intemerato ante os ataques dos titãs. Ele irradia
uma intensa luz verde. Incapazes de derrotá-lo, os titãs tentam aprender
a sua técnica. E à medida que vão aprendendo a separar as ações das
emoções, bem como a desenvolver as habilidades pessoais — serenidade
e quietude, vigor físico, mente fria e livre, atividade produtiva, harmonia com os camaradas e adversários, precisão e volição desinteres-
sada —, o desejo original de conquistar o reino dos deuses é abalado
pela sua compreensão de que nada se pode ganhar com a guerra.*

*Tara, como "salvadora", convida os titãs, principalmente as fêmeas,
a olhar para a poça de lágrimas que elas derramaram pelos maridos, irmãos e filhos perdidos em combate. Elas refletem a respeito do sofrimento
que mana do seu sentimento de idoneidade, da sua tendência à agressão e
da sua vocação para a guerra. Essa reflexão produz uma pausa, uma
constatação dos riscos da fixação, um sentimento de graça e de gratidão.*

Quando vivemos na esfera titânica, desejamos provar que merecemos ser respeitados, honrados, amados, protegidos, tratados com justiça.
Furiosamente, assumimos uma atividade após outra, não raro muitas ao
mesmo tempo, no afã de mostrar ao mundo que somos dignos. Rebate-
mos as críticas e ataques quando falhamos. Temos um medo enorme do
fracasso porque ele nos tornaria vulneráveis àqueles que gostariam de nos
destruir com críticas e opróbrio.

No esforço para provar o nosso mérito e evitar os fracassos, vemo-
nos compelidos a realizações ainda maiores, a objetivos ainda mais
ambiciosos. Se ao menos pudéssemos controlar as situações, usaríamos
a inteligência, a energia e o trabalho duro para fazer com que as coisas
fossem como devem ser.

Vergonha e Medo de Violação

Como titãs, sentimos vergonha, inveja e medo de agressões. Tudo
isso se enraíza na pressuposição de que a nossa integridade básica — quem
somos e o que sentimos — pode e será violada. Tememos o que os outros
pensam sobre nós e achamos que, na opinião deles, não somos suficientemente bons. A vergonha é, especificamente, essa sensação de que somos
nulos e inadequados como seres humanos.

Robert Bly adverte: quando a nossa soberania interior não é respeitada pelos nossos pais, professores ou ambiente social, nós não apenas desenvolvemos vergonha, como também nos sentimos confusos em relação aos nossos limites. Vivendo como titãs, vivemos em paranóia. Imaginamos que o nosso chefe está querendo "puxar o nosso tapete". Não temos dúvida de que o motorista que passa por nós está nos desafiando para uma corrida imaginária. Ou achamos que o nosso parceiro não valoriza nossas realizações apenas por inveja.

Como titãs, somos assombrados pela sensação de que amigos, chefes, parceiros e pessoas poderosas estão competindo conosco. Eles nos atacam para destruir o nosso senso de valor e para surrupiar o que possuímos. Os que têm mais do que nós envergonham-nos com o seu exemplo, pois desmascaram os nossos fracassos. Os que nos ajudam talvez o façam com segundas intenções, para depois nos dominar e reduzir-nos à dependência. Aqueles que não nos auxiliam são egoístas e indignos de confiança. Aqueles que procuram a nossa amizade querem mesmo é o dinheiro que temos para oferecer-lhes. Aqueles que nos presenteiam esperam muito mais em troca. Sabemos que trabalhamos com afinco e diligência, mas os frutos desse esforço parecem beneficiar mais aos outros do que a nós próprios.

Assim, com freqüência, nos julgamos fraudados, deixando para outros o prêmio da nossa dedicação. Passamos a proteger nossas realizações. Em vez de partilhar a alegria de nossas vitórias, erigimos muralhas para proteger nossos ganhos. Essa esfera é caracterizada pela ilusão da escassez, a convicção de que não existe o bastante à nossa volta. Por isso, lutamos não apenas para garantir o nosso quinhão atual, mas também para garantir o quinhão futuro.

Inveja e Idoneidade

Nessa esfera, vivemos preocupados com o desejo de ter o que os outros têm. Nosso território estende-se para além do que possuímos e abarca as coisas que achamos que merecemos. Se não conseguimos obter o que queremos, sentimos não apenas frustração, como também a dor de uma perda imerecida. Justificamos os nossos desejos alegando idoneidade e achamos que temos o direito de reivindicar, não só o que possuímos, mas também o que, na nossa opinião, necessitamos.

Esse sentimento de direito legítimo molda a nossa atitude para com os outros: aqueles que apóiam as nossas atividades são amigos; todos os outros são nossos inimigos. Para o titã, até amigos e aliados passam a ser vistos com desconfiança, pois podem mudar de posição e tornar-se adversários. Isso quer dizer que estamos continuamente aferindo posições relativas, não apenas com inimigos, mas também com amigos. Não vamos permitir que os nossos amigos se tornem bons demais, famosos demais, bem-sucedidos demais. Em vez de nos alegrarmos com os seus triunfos, sentimo-nos à margem deles. Temos inveja e vergonha por não conseguir o que eles conseguiram.

Esse quadro de suspeita e ameaça revela que não confiamos em subsídios alheios e que evitamos aprender com os outros. Achamos que só nós mesmos somos capazes de julgar o que é útil e certo. Inquietamo-nos com a manipulação da informação para fins competitivos. Cremos que uma das poucas coisas que podemos controlar é a informação que passamos aos outros — e não apenas nos valemos disso para melhorar a nossa posição como achamos que todos estão fazendo o mesmo. Na verdade, achamos que todos são iguais, com os mesmos anseios, as mesmas motivações, o mesmo espírito combativo. A nosso ver, todas as pessoas agem por interesse próprio e são motivadas pelo desejo de realizações, aquisições, *status* e poder. Desconfiamos das afirmações em contrário e das demonstrações de motivos alternativos.

Dilacerados pelo Desejo e pela Desconfiança

Oscilamos entre o desejo de aprovação e a desconfiança em relação aos outros e aos seus motivos. Procuramos relacionamentos tranqüilos e um sentimento seguro de integração, mas a desconfiança e a competição são constantes. Gostaríamos de relaxar, pois freqüentemente nos sentimos exauridos pela luta interminável; no entanto, tememos as conseqüências de baixar a guarda.

Ansiamos por nos enquadrar no mundo, mas estamos convencidos de que temos de lutar pelo nosso espaço e defendê-lo. Isso significa distanciamento perpétuo das outras pessoas. Às vezes, procuramos mais o seu respeito do que o seu amor, porque isso parece mais seguro no mundo da competição.

A Competição pela Estima

A competição, em si mesma, não é boa nem má. Ela pode nos ser útil fornecendo subsídios para melhorar o nosso desempenho, apresentando exemplos daquilo que é viável, gerando apreço pela capacidade dos outros e criando uma intimidade ombro a ombro com os nossos concorrentes, graças à camaradagem. Se, no entanto, a competição for vista apenas em termos de ganhos ou perdas, bem como de prova do automerecimento, ela nos tira a lucidez. O furor competitivo força-nos a querer ser melhores, mais espertos e mais ricos que os outros. Até líderes religiosos e pessoas empenhadas na busca espiritual trabalham para ser maiores, mais devotos, mais capacitados e até mais humildes que os demais. Todavia, quando nos preocupamos em superar os outros, afastamo-nos do melhor de nossas próprias qualidades e energias.

Esse tipo de competição nos distancia dos nossos semelhantes, levando-nos facilmente a ignorar os sentimentos e problemas daqueles que nos cercam. O desejo de vencer faz com que nos concentremos nas fraquezas alheias, para parecermos melhores. Apontamos as suas deficiências como parte da campanha para nos mostrarmos superiores. O mais paradoxal na competição é que queremos validar o nosso valor pessoal acima de qualquer comparação, mas comparando-nos com os outros!

A preocupação com a vitória distorce a nossa inclinação natural por uma ação significativa. Buscamos uma arena, um campo de competições onde levar vantagem. Então nos especializamos, estreitando o raio da competição para aumentar as chances de vencer. Vamos partilhando cada vez menos e perdendo o interesse por coisas que estão fora da nossa esfera de atuação. A alternativa de vencer ou perder nos aliena não só dos outros, mas também da nossa própria imparcialidade.

Para transformar a luta em virtude, alçamos a vitória ao nível de ideal e a excelência passa a ser a expressão máxima da natureza humana. Já a competitividade torna-se uma qualidade inerente ao homem. Essas qualidades, com efeito, são aprendidas em casa, na escola e no trabalho. A pressão para ter êxito, no entanto, gera o medo da derrota e da vergonha, que solapa a nossa autoconfiança e nos mantém presos aos laços da auto-estima.

Valemo-nos de contínuas comparações com os outros e com os nossos ideais para julgar os progressos que fazemos e estabelecer estratégias de luta competitiva. O sucesso alheio não é um indicador do nosso empobrecimento, como na esfera *preta*, mas um ponto de partida para a vergonha e um alvo para a realização. Não queremos ser menos que ninguém e, por isso, nos esforçamos por superar a todos. As comparações nos motivam para a ação. Enquanto na esfera *preta* interiorizamos o desejo de comparar e avaliar, na esfera titânica externamos esse desejo e tentamos mudar a nossa posição. Freqüentemente tratamos os outros como obstáculos a serem removidos do caminho ou como dados a serem manipulados.

Sentimo-nos envergonhados com as realizações dos outros, como se eles vencessem apenas para nos espicaçar. Tentamos menoscabar a sua atuação tachando-a de "exibicionismo" — outro insulto acrescentado à mágoa do nosso relativo fracasso.

No esquema mental titânico, podemos vir a sentir a necessidade de sermos os melhores a todo custo. Se não conseguimos superar todos os demais, então que tal diminuir-lhes os êxitos? Se não logramos ser os mais altos, por que não passamos por cima daqueles que estão à nossa volta?

Conceitos de Superioridade, Inferioridade e Igualdade

Quando habitamos essa esfera, vivemos em função de três conceitos: superioridade, inferioridade e igualdade. O conceito de superioridade argumenta: "Sou melhor do que você" ou "Você é pior do que eu". O de inferioridade afirma: "Sou pior do que você" ou "Você é melhor do que eu". O de igualdade sugere: "Sou tão bom quanto você" ou "Você é tão ruim quanto eu", ou ainda "Sou tão ruim quanto você".

Este último conceito talvez seja o mais insidioso porque cheira a virtude. Como titãs, tentamos tornar os outros pelo menos tão ruins quanto nós. Se nos enfurecemos contra os nossos parceiros e eles se mostram calmos, tudo fazemos para irritá-los a fim de provar que não são diferentes e muito menos melhores do que nós. Se confessamos as nossas falhas, queremos que os outros também confessem as deles, para demonstrar que em nada nos superam. Desejamos rebaixá-los a um nível comum onde possamos nos sentir iguais e, assim, valorizar-nos. Assumimos a virtude política da igualdade para provar que todos somos iguais.

A Vida como uma Luta por Estima e Poder

Vemos a história de nossa vida como uma disputa na qual saímos feridos pelas críticas alheias e envergonhados com a nossa incapacidade estar à altura das expectativas. Cremos ter sido espoliados da nossa infância pelas investidas de nossos pais e irmãos. Não conseguíamos aproveitar a infância e tínhamos de sonhar com o tempo em que assumiríamos o poder e os recursos de um adulto. Então faríamos tudo como deve ser feito, reivindicaríamos o que merecêssemos e alardearíamos os nossos méritos a todos.

Em nossa sinceridade, freqüentemente exibimos as nossas feridas, as nossas cicatrizes de honra, ganhas em batalhas passadas. Como titãs, tentamos impressionar as pessoas com o heroísmo de nossas batalhas a fim de compensar uma infância de abusos, ou de alcoolismo, ou de abandono. Divulgamos histórias de como estamos superando nossas origens humildes e um passado atribulado para conquistar a vida que merecemos. Quando as outras pessoas vêm com os seus dramas do mesmo teor, apressamo-nos a provar-lhes que a nossa situação foi infinitamente pior.

Nessa esfera, vemos a vida como algo problemático. À diferença da esfera do inferno, onde os problemas são esmagadores, aqui eles não passam de chamamento à batalha, desafios a enfrentar, enigmas a resolver. Nossa postura do coração é que precisamos provar alguma coisa por meio da solução de problemas e que temos de vencer a acirrada batalha da vida.

Mesmo a alegria da vitória e da realização é temperada pelo medo de uma perda ou fracasso futuro, ou pela possibilidade de sermos superados por outros. Somos como os velhos pistoleiros que sempre tinham de enfrentar novos desafios. No próprio instante em que há possibilidade de paz interior, amor e integração, eis-nos alerta contra ameaças potenciais neste mundo de luta incessante.

Perfeccionismo

Recusando o fracasso e a crítica, tornamo-nos perfeccionistas. Sentimos uma ânsia constante de fazer as coisas direito. Tememos as conseqüências de estar "errados" e agimos defensivamente quando os outros tentam nos orientar ou melhorar o nosso trabalho. Forcejamos por ser os melhores e os donos da verdade em todas as situações da vida.

Às vezes, os nossos esforços parecem compensar. Chegamos bem perto do objetivo que, em nossa mente, pode provar o nosso valor interior. Entretanto, se somos "quase" bons o bastante, ficamos nesse "quase" e essa obsessão nos mantém na luta por um longo tempo.

O anseio de perfeição também reflete dilemas e tensões íntimas. Apetecemos a superioridade, mas cremo-nos inferiores. Só nos sentimos vivos em plena luta, mas sonhamos com a paz. Odiamos o nosso cansaço, mas orgulhamo-nos de nunca repousar. Tememos as críticas, mas temos o nosso próprio crítico interior. O tempo não pára de correr, mas precisamos estar totalmente preparados.

A Realidade da Luta

Embora a perfeição possa ser o nosso ideal, somente a luta nos parece real. Mesmo quando não atingimos os objetivos impostos, afirmamos a nossa existência e o nosso valor declarando que morreremos lutando. Com efeito, a luta se torna mais importante que os objetivos, pois só nos sentimos vivos quando lutamos. Pouco importa que persigamos sonhos inalcançáveis desde que tenhamos nos esforçado e "combatido o bom combate". Preferimos ser mártires na batalha pela nossa causa a aceitar a possibilidade de viver em paz e harmonia.

Em nosso fascínio pela luta, substituímos a satisfação oriunda de uma autêntica integração humana pelo frêmito do momento. Este frêmito e a energia da batalha podem até nos levar a arriscar a vida em ações perigosas, apenas pela satisfação de viver esses momentos e mostrar o nosso valor.

As úlceras são sintomáticas dessa esfera porque, constantemente, tentamos agir em face da ansiedade e da insegurança perpétua. Tememos não só os perigos desconhecidos que rondam a nossa posição, como também o desconhecido em si. Queremos controlar cada vez mais e, quanto mais coisas tentamos controlar, mais riscos corremos de que algo dê errado.

A Busca do Poder Pessoal

Em nossos esforços para controlar e em nossa demanda de sucesso, preocupamo-nos com o poder pessoal. Trabalhamos para adquirir qualidades que nos ajudem a competir com eficiência. Achamos que, se formos mais fortes, mais lúcidos, mais desprendidos, mais carismáticos, mais concentrados, mais articulados, mais rápidos, mais bem-falantes, melhores comerciantes e mais eficientes no uso do tempo e da energia, então teremos o poder de controlar as circunstâncias que nos cercam. Tamanha superioridade atrairá o apoio dos outros e produzirá os resultados que desejamos. Com efeito, podemos até pensar que a nossa capacidade de realização só é limitada por nosso poder pessoal, e que esse poder é teoricamente ilimitado. Essa grandiosidade inspira-nos a lutar com mais afinco. Fomos cegados pela fantasia dos poderes divinos. Não percebemos que estamos atrás de superioridade e poder porque sonhamos com reconhecimento e controle, não porque isso seja um meio de realizar os nossos objetivos.

Na esfera do inferno lidamos com o poder da dor e com a nossa própria impotência; na esfera titânica, conhecemos o poder da ação e usamo-lo para nos valorizar. Queremos agir e ser eficientes, sem perceber que a luta e a necessidade de provar alguma coisa é que ditam os objetivos, limitando assim o nosso comportamento à reação. O verdadeiro poder de nossa lucidez é, dessa forma, distorcido e ocultado.

Sem lucidez, resolvemos problemas mas não os solucionamos. Quando deparamos com problemas, nosso impulso é agir imediatamente. Fazemos força para mudar as outras pessoas e manipulamos as circunstâncias externas em vez de refletir sobre as nossas próprias falhas internas. Protegemonos da sensação de fracasso bloqueando a visão interior. Erigimos muralhas defensivas e nos isolamos das pessoas que poderiam nos ajudar a crescer. Recusando-nos a encarar as verdades íntimas, não conseguimos obviar nossas fraquezas reais e as situações problemáticas vão surgindo.

Sentimo-nos desencorajados quando notamos que estamos repetindo velhos hábitos, que sempre enfrentamos os mesmos obstáculos à conquista da nossa vitória definitiva. Perseguimos o sonho do poder pessoal na esperança de concretizar o nosso "potencial ilimitado". O desespero advém da sensação de fracasso e de limitação, e a nossa esperança é alimentada pela falácia do poder sem barreiras. O desespero pode provocar o recuo para o território paranóico da esfera animal, e a esperança, ainda que em parte realizada, às vezes nos conduz à enfatuação da esfera dos deuses.

Quando se Evita a Responsabilidade

Nessa defensividade titânica, distorcemos a responsabilidade. Em lugar de reconhecer as nossas próprias ações e arcar com as conseqüências, preocupamo-nos com o compromisso. Em lugar de responder às conseqüências segundo a nossa capacidade, distribuímos queixas e perguntamos quem vai arcar com os prejuízos. Fechamos os olhos ao papel que realmente desempenhamos dentro de nossas próprias circunstâncias. Censuramos as fraquezas dos outros devido aos nossos problemas e à exigüidade de nossas realizações. Esse quadro de censuras também nos faz sentir mais fortes que aqueles que censuramos, e muito superiores. Mesmo quando nos oferecemos para ajudar os outros, o que estamos fazendo é consolidar a nossa posição superior, esperando que eles trabalhem melhor em nosso benefício.

Quando os outros objetam ou tentam aconselhar-nos quanto aos nossos comportamentos e atitudes, resistimos e nos sentimos magoados. Recusamos oportunidades de mudar porque então teríamos de admitir as nossas falhas, tornando-nos conseqüentemente vulneráveis. Repelimos os conselhos porque achamos que ninguém pode realmente nos compreender ou nos avaliar corretamente. A vergonha e o ressentimento vão, sutilmente, insuflando a nossa raiva dos outros e atiçando-nos a novos entreveros. Chegamos a perder de vista os nossos sonhos quando ruminamos o ressentimento e ansiamos pelo poder a fim de fazer com que os outros nos respeitem.

Apelo ao Público

Obcecados por respeito e aprovação, talvez venhamos a ser seduzidos por juízos superficiais. As pessoas nos encorajarão a mostrar apenas os nossos comportamentos mais atraentes e a dizer somente o que elas querem ouvir. Consideramos a atenção pública uma valorização mesmo quando ela depende de aparências externas e da manipulação de impressões.

O hábito da superficialidade minimiza a ameaça à nossa identidade artificial e, por isso, parece-nos confortável. Ajudamos pessoas que fazem o mesmo jogo porque existe um acordo tácito: "Eu não vou revelar o seu jogo se você não revelar o meu." Tentamos manipular os sentimentos alheios dizendo somente aquilo que nos garante a estima dos outros e evitando que nos dêem conselhos. Isso, com o tempo, tanto obscurece os nossos sentimentos quanto a nossa capacidade de analisar os nossos próprios hábitos.

Quando relacionamos manipulação com sucesso, a honestidade genuína parece coisa pueril e improdutiva. Nossas vidas como que funcionam em marcha rápida e o nosso trabalho nos proporciona recompensa material e fama. Contudo, sob esse progresso superficial, sentimos que a nossa integridade foi violada, o que nos agrava a insegurança e a agitação.

A insatisfação e a disputa impedem que encontremos o equilíbrio natural no mundo e que sintamos harmonia dentro de nós mesmos. Nossa postura do coração, de luta, igualmente não permite que saudemos entusiasmados as novas situações. Ficamos estafados no nosso relacionamento com os outros e com nós mesmos. Tudo parece ser sempre a mesma coisa quando sufocamos o nosso vigor inato com percepções habituais e conclusões inconscientes.

A Farsa Espiritual do Guerreiro

Como titãs, podemos tomar o caminho espiritual para aperfeiçoar o nosso poder pessoal e melhorar a auto-imagem e a nossa imagem pública. Tornamo-nos guerreiros na luta pela perfeição. Queremos mobilizar o corpo energético na busca do sucesso e da superioridade. Vivemos preocupados com os poderes psíquicos e com irreprochabilidade do guerreiro, vendo os outros aspirantes espirituais — e mesmo os nossos próprios mestres — como concorrentes. Também sentimos o poder da harmonia, da espontaneidade e da autenticidade, e desejamos tudo isso para servir aos nossos objetivos de titãs. Entretanto, ainda que a nossa motivação comece pelo desejo de obter poder pessoal, se continuarmos a praticar e a crescer, os frutos dessa prática solaparão a nossa busca de poder.

Percepção do Movimento e da Harmonia

Quando refletimos sobre a natureza da vida, percebemos que tudo está em perpétuo movimento. Nossos corpos são feitos de átomos, moléculas, fluidos e energias que se movem incessantemente. Nossas mentes também se agitam sem parar, como também os nossos sentimentos e sensações. Estamos sempre em movimento, por dentro e por fora. A respiração, por exemplo, representa o movimento de elementos para o interior e para o exterior dos corpos.

O movimento é a expressão da Essência em forma de vida. Todo movimento é uma dança dos elementos da existência, que tem potencial para uma variedade infinita de formações. Cada instante apresenta uma configuração diversa de elementos e forças; o movimento é a reconfiguração constante das forças universais. Sempre há equilíbrio e harmonia porque, do ponto de vista do todo, não existe uma posição ou estado fixo a partir do qual se possa julgar a discórdia ou o desequilíbrio.

Quando os astronautas observam a Terra do ponto de vista privilegiado do espaço exterior, sempre se encantam com a sua beleza. Nuvens são parte da textura e do movimento no tranqüilo cenário. As tempestades abaixo das nuvens como que se movem sobre a superfície da Terra. Somente quando estamos em terra, nos sentindo pouco à vontade sob uma tormenta, e encarando as nuvens como inimigas é que vivenciamos o conflito. A atividade das nuvens deixa de ser um mero fenômeno natural para se tornar causa de uma reação de nossa parte.

Se achamos que as coisas deveriam ser de determinada maneira — como querer perpetuar o viço de uma rosa desabrochada —, então ficamos desencantados quando as pétalas fenecem e as folhas caem com a aproximação do inverno. Porém, se compreendemos que isso faz parte de um ciclo vital mais amplo, no qual há um tempo para o crescimento, um tempo para o desabrochar e um tempo para a degeneração, percebemos a força da vida agindo em todas as estações.

O conflito vem da nossa fixação numa determinada posição ou sentimento, que forcejamos então por firmar e preservar. Dessa forma, julgamos discordantes quaisquer variações desse estado em que nos fixamos. Se dilatarmos a visão para incluir tudo o que existe, o equilíbrio se torna mais óbvio e o processo de mudança, em vez de ameaçar, nos encoraja. Constatamos que a Essência se exprime por nosso intermédio, individual e coletivamente. Nossas ações são a forma que o divino assume no momento, através do nosso comportamento e da nossa personalidade.

Cada um de nós ocupa uma posição no tempo e no espaço. Mesmo que a nossa consciência abranja e envolva todas as coisas, ainda conservamos as características dessa posição, ainda agimos por meio de uma personalidade e ainda preservamos a nossa consciência particular como o centro da experiência, sem, contudo, considerar um eu individual separado. Quando compreendemos a nossa natureza, livres da busca de uma identidade permanente, vemo-nos como uma expressão da dinâmica e dos princípios universais.

O Lama Govinda esclareceu de forma belíssima a natureza dessa harmonia:

A harmonia, conforme sabemos pela música, é o melhor exemplo de uma experiência na qual a lei e a liberdade se fundem, perdendo essas expressões o seu significado contraditório. Um músico não se sente de forma alguma coagido por seguir as leis da harmonia musical. Ao contrário, quanto mais perfeitamente for capaz de expressá-las na execução ou na composição, mais intensamente gozará a alegria da liberdade criadora. Já não será um escravo da lei e sim o seu senhor, pois terá compreendido tão profundamente essa verdade que se tornará uma coisa só com ela, transformando-a na mais acabada expressão do seu próprio ser. Por meio do conhecimento dominamos a lei e, graças a esse domínio, ela deixa de ser uma necessidade para se tornar um instrumento da verdadeira auto-expressão e liberdade espiritual. O Iluminado torna-se senhor da lei, o artista mestre no qual a rígida obrigatoriedade da lei se transmuta e se dissolve na suprema liberdade da harmonia.

Intrepidez

A intrepidez surge quando compreendemos que nada pode acontecer conosco que não seja compatível com a nossa natureza básica. Ela também resulta do entendimento de que a existência envolve o viver, o mudar, o crescer e o morrer. A intrepidez é essencial para a ação espontânea. Permite o envolvimento total com a vida, sem reservas ou hesitações. Evitar o mal, ignorar o sofrimento e fugir da vida: eis o caminho da estagnação. Temos de lidar com todos os seres e com todas as circunstâncias que eles criam. Quando somos destemidos não nos apartamos da vida, mas antes engolfamos em nossa consciência as infinitas variações de ação e sentimento que os seres humanos podem gerar.

Habilidades

Na senda do crescimento espiritual, é importante honrar as habilidades que desenvolvemos, mesmo que elas sejam resultado de um comportamento compulsivo. Nossas habilidades continuam a ser habilidades e, quando deixam de servir às compulsões e programações arcaicas, levam à libertação. Podemos usar os materiais do nosso próprio desenvolvimento para continuar a crescer. O chão em que caímos é o mesmo de que

115

nos valemos para ficar de pé. A única coisa que atrasa o nosso crescimento é queixarmo-nos do chão enquanto nele estamos deitados.

Quando agimos a partir do pressuposto de que não há nada de errado conosco, de que a nossa natureza básica é boa e de que a vida não é problemática, começamos a perceber que essa natureza básica se assemelha ao nosso sistema imunológico. O corpo, naturalmente, procura manter sua integridade e saúde. Mesmo quando abusamos dele, respondendo às forças essenciais que o impulsionam para a integridade, ele persiste em reafirmar a saúde. Também a nossa alma reafirma naturalmente o significado e constantemente se manifesta no significado de uma ação. O que de fato queremos é desenvolver habilidades para expressar a nossa presença no mundo.

Nossa reação a uma catástrofe natural pode nos fornecer um vislumbre das habilidades que desejamos encarnar. Intuitivamente, procuramos meios criativos para sobreviver quando uma inundação ameaça a nossa família e a nossa comunidade. Mobilizamos de pronto as nossas energias; ficamos com a mente clara para os nossos objetivos; e agimos com rapidez, mas sem pânico. Celebramos o êxito com gratidão e alegria desprendida.

As habilidades envolvem a total mobilização de nossas energias, a expressão espontânea da nossa criatividade, a partilha franca de nosso entusiasmo natural, bem como o exercício de nossos talentos e capacidades em ações significativas. Essas ações contribuem para a saúde, o bem-estar e a disposição das outras pessoas e da própria vida. Habilidades são atividade produtiva combinada com a capacidade para o discernimento e para a chamada "sabedoria que tudo realiza".

A Sabedoria que Tudo Realiza

A "sabedoria que tudo realiza" combina o calor emocional do sol interior da equanimidade com o espaço vasto da abertura, tudo para nos guiar no rumo da maturidade espiritual. A equanimidade brota da percepção da identidade inerente à natureza e do inter-relacionamento de todos os fenômenos e seres. Com equanimidade, agimos a partir da harmonia que resulta dessa percepção. Quando somos abertos, superamos a preocupação com nós mesmos e agimos de boa vontade em benefício dos outros, a fim de fomentar a vida e demonstrar um amor abrangente.

Compreendendo o princípio do movimento perpétuo, fazemos com que as nossas ações se transformem no ar que respiramos para viver. Está na nossa natureza agir, fazer, realizar. Embora esse impulso para a ação se torne compulsivo quando ditado por projetos de autovalorização, ele pode gerar libertação se baseado na abertura, no desejo de criar valores que libertem os outros e na sabedoria da Essência.

As sementes da nossa libertação estão entranhadas na decomposição de nossos padrões de hábito. Elas brotam e rompem os confins de nossos eus passados quando a prática cria para isso as condições apropriadas. A prática espiritual aplaina o terreno, fornece a energia nutritiva e proporciona compreensão consciente para alimentar o nosso crescimento. Quando a flor se abre para a radiância da vida, o nosso potencial natural desabrocha sob a forma de sabedoria. Essa sabedoria dá o fruto de nossa libertação a cada novo instante, enquanto executamos a dança da vida.

Percebemos esse frescor no sorriso rápido de uma criança: imediatamente nos fazemos mais presentes, mais vivos. As cores brilhantes do crepúsculo ou o vislumbre de uma estrela cadente podem evocar esse frescor antes mesmo que logremos dar nome àquilo a que estamos reagindo. Quando brincamos espontaneamente, como um gato com um novelo de lã ou um bebê com um brinquedo, vivemos o momento, deleitados com a novidade do fluxo desconhecido dos acontecimentos. O trabalho espiritual tem por objetivo libertar-nos das necessidades habituais, dos projetos de autofavorecimento, do tempo e do espaço cotidianos. Para além de tudo isso, brota a sabedoria que enfrenta o mundo com energia e alegria sempre renovadas.

O impulso para a compreensão permite que outras qualidades de sabedoria venham à luz e nos encoraja a trilhar a senda escolhida. Por meio da ação consciente (não-autoconsciente) vamos nos transformando, até nos tornarmos aquilo que realmente aspiramos ser. O poder de nossa vontade, já desprendido dos padrões habituais do desejo, do medo e da fuga, encontra expressão autêntica e espontânea em nosso relacionamento com os outros. A harmonia habitual do nosso ser e o viço do nosso vir-a-ser exprimem-se em nossos comportamentos à medida que a compreensão íntima toma forma exterior. Suave e naturalmente, harmonizamos nossos movimentos com os dos outros numa dança comum. A ação equilibra e une os mundos interior e exterior, o visível e o invisível, exprimindo as qualidades da alma por meio da forma do corpo.

Seguindo esse caminho, desenvolvemos uma comunicação autêntica, responsabilidade, humildade e capacidade de trabalhar com os outros. Quando expressamos o nosso amor, o nosso zelo e a nossa dedicação permitimos que os laços da amizade cresçam e desabrochem para o aprimoramento da vida.

A Verdadeira Responsabilidade

"A verdadeira responsabilidade", sustenta Tarthang Tulku em seu livro *Skillful Means*, "consiste no zelo ativo e na sensibilidade com relação a tudo o que nos cerca, bem como na prontidão para fazer o que tem de ser feito. Isso quer dizer que assumimos responsabilidade não apenas com determinadas obrigações, mas também com todos os aspectos da vida, respondendo a cada experiência com uma boa vontade dinâmica, uma abertura para a vida que brota de um senso profundo de dedicação." Observa ele que a verdadeira humildade exige que nos consideremos iguais a todos os seres humanos, pois compartilhamos a mesma natureza e sabemos que temos as mesmas forças e fraquezas. Todos lutamos para crescer.

Relacionar-se bem com os outros é fundamental para a realização de inúmeros projetos e a manutenção da comunidade. Isso também desperta em nós o apreço pela contribuição única de cada pessoa e, sinergeticamente, engendra forças vitais e energias criativas só possíveis quando há cooperação. Desenvolvendo essas qualidades, enfrentamos o desconhecido com jovialidade e espírito de luta.

Belicosidade Espiritual

A belicosidade espiritual consiste em viver cada dia como se fosse o último. A morte torna-se nossa aliada e nosso guia. Cientes de que o crescimento e a morte estão constantemente em marcha dentro do nosso corpo, dedicamo-nos a uma atividade questionando-nos sempre se gostaríamos mesmo de morrer praticando-a. Se ela não merecer o sacrifício da nossa vida, passamos adiante. Como guerreiros, empenhamo-nos totalmente porque é isso que nos devolve a vida.

Viver vigorosamente, de uma maneira autêntica, demonstra que temos lucidez e que somos habilidosos. Para adquirir o poder da autenticidade temos de estar cientes, e não conscientes de nós mesmos. Estando cientes de nós mesmos, conhecemos a nossa natureza básica e não nos deixamos seduzir pelas armadilhas da fama ou da fortuna. Relacionamonos de uma maneira despretensiosa e grata com as outras pessoas, com os animais e com o meio ambiente. Agimos espontaneamente, congruentemente, destemidamente com a nossa verdadeira natureza.

Para Descobrir Nossas Aspirações

Essa meditação ajuda-nos a descobrir a verdadeira aspiração que está por trás dos sentimentos e emoções do dia-a-dia: aquilo que de fato desejamos para nós e para os outros. É uma busca do que jaz sob a superfície de nossas reações, sentimentos e crenças.

Comece a meditação fixando a atenção na palma da mão ou no ato de respirar, soltando o corpo e a mente até se sentir relaxado e alerta. Espalhe o sorriso interior por todo o corpo e mantenha-se em contato com o seu propósito de tornar-se livre por meio da meditação. Pense numa situação desagradável que está enfrentando na vida. Agora, metodicamente, investigue os pensamentos mais profundos, os sentimentos e as intenções referentes a essa situação:

1. Qual é a situação com que estou defrontando?
2. O que penso de mim mesmo e dessa situação?
3. O que sinto a respeito dessa situação?
4. O que pretendo fazer? (Aqui não se trata, necessariamente, do que você pode ou poderia fazer.)
5. Para que pretendo fazer isso?
6. Em que isso me beneficiaria? (Continue investigando as variações da mesma pergunta. Eis algumas delas:

   a. O que a realização disso faria por mim?
   b. Se eu conseguir isso, o que significará?
   c. Depois de conseguir isso, o que acontecerá comigo?)

7. Continue se questionando até descobrir um propósito fundamental que envolva valores como integração, harmonia, paz, felicidade geral e liberdade.
8. Quem deseja tudo isso (integração, paz, liberdade)?

Equilíbrio e Estações das Emoções

Na segunda meditação, utilizamos as forças e energias das emoções para nos equilibrarmos e crescer. Sempre que tentamos resistir a uma onda e permanecer de pé, somos engolfados e derrubados; mas quando surfamos sobre a onda, percebemos que ela não é a água e sim, a força que atua através da água e de nós mesmos — então relaxamos e flutuamos. Podemos usar a energia e força das emoções de um modo parecido.

Ao aprestar-se para a meditação, localize um centro energético no nível do umbigo, no meio do corpo, com o canal principal atravessando-o. Nesse centro, imagine um caldeirão onde se misturem as suas forças elementares e cuja fervura separe as substâncias estranhas da essência dessas forças, que é então extraída e destilada.

Considere as situações emocionais como "não-pessoais", apenas como o jogo das forças. A "impessoalidade" delas constitui também uma espécie de vazio. Elas estão vazias de significado pessoal e podem ser vistas como o fluxo natural das energias.

A compaixão aparece como uma jóia no caldeirão onde todas as coisas podem ser transmutadas e harmonizadas. Essa jóia é uma expressão da Essência ou do Um. O centro torna-se uma usina tanto para as suas energias físicas quanto para as suas energias anímicas.

Ao trabalhar com uma emoção, comece por sentir-lhe o viço. Deixe que todas as histórias ligadas a essa emoção se desvaneçam à medida que você mergulha profundamente nas sensações; perceba então o movimento real da energia nessa emoção. Examine a natureza da energia envolvida. Pergunte: "Qual é a sua direção?" Sinta a sua textura: ela é úmida ou seca, suave ou áspera, expansiva ou contrativa? Tente perceber em seguida o que está faltando e o que é necessário para restaurar o equilíbrio e a plenitude.

Por exemplo, você pode reviver a emoção do medo e reexperimentá-la no seu corpo. Repare que certos músculos se contraem, certas áreas ficam frias e outras, quentes. A história associada à experiência emocional talvez lhe venha à mente, obviamente, toda feita de conceitos. Deixe então que a história se desvaneça ou faça com que ela permaneça nos bastidores, fora da consciência. Determine a direção da energia.

Recolha essa energia sempre que a sentir, leve-a para a oficina da jóia da compaixão. Considere o que se perdeu e o que falta. Se o medo for frio e contraído, tente equilibrar a energia com as energias complementares da cordialidade e da expansividade. Você poderá sentir um calor interior irradiando-se da jóia para todo o corpo, como se tomasse um banho de sol de dentro para fora.

Ciente de que é capaz de recolher, misturar e agitar todas as energias complementares, retome tudo o que a emoção inclui, bem como tudo o que foi excluído, e reúna na jóia do Um. Ao fazer isso, o seu corpo vai se tornando cada vez mais vivo, cada vez mais integrado à dança das energias. Enquanto as energias continuam a misturar-se, uma energia mais harmoniosa e equilibrada começa a emergir da jóia, espalhando-se por todas as partes de seu corpo e impregnando o seu senso de ser.

Quando se sentir estável nessa energia mais plena e mais equilibrada, você poderá examinar a história associada à emoção. Imagine o que você seria caso não houvesse sido acossado pelo medo. Como se desenvolveria, se não houvesse sido apanhado nas malhas das reações habituais? Constate então que o seu medo é um indício de que a vida está exigindo a sua entrada num estado de ser mais amplo, apresentando-lhe uma oportunidade para o crescimento. Imagine como você seria nesse novo estado de ser: maior, mais novo, mais expansivo e harmonioso do que tem sido. À medida que extrai do medo as qualidades de sabedoria essenciais, sinta o aspecto sereno e reflexivo do seu estado interior. Repare que ele se apresenta extremamente vigilante em meio a uma espécie de pausa ou serenidade. A força elementar é uma serenidade alerta que, encontrando resistência, passa a ser experimentada como medo. Você decerto notará que a energia que está por trás do medo cria uma pausa, um intervalo para refletir, para ouvir e para se integrar.

Tomando a emoção da cólera como outro exemplo, siga o mesmo processo de sentir a força desse sentimento. Observe as sensações, sua tendência e qualidades. Perceba o que falta. Então misture tudo isso na jóia que você está criando. Sinta a presença do movimento. Note como a energia misturada se irradia de você e o modo como essa energia produz clareza, honestidade e ação — as qualidades essenciais que estão por trás da energia que você sentiu como cólera quando agia a partir da sua história. Ao passo que a energia do medo engendra serenidade e espaço, a energia da cólera resulta em ação, dando à pessoa ocasião para se evidenciar.

Você pode extrair e equilibrar as qualidades da Essência de cada emoção primária. Isso é feito numa seqüência que reflete as estações da experiência, da ação no mundo, da vida. Cada estação se desenvolve a partir da estação anterior e cria as condições para a seguinte. O ciclo das estações é a roda giratória da mudança: as forças brotam da serenidade, crescem, florescem, esmaecem e voltam à serenidade. A capacidade de dançar com as estações harmoniza as ações, não apenas dentro de um determinado contexto, mas também no fluxo do tempo.

Quando uma estação, no modo como se manifesta na sua qualidade energética correspondente, encontra resistência, o resultado é a energia contraída de uma emoção limitadora. Trabalhamos anteriormente com a estação do inverno, com a qualidade da serenidade alerta que, ao encontrar resistência, torna-se conhecida como medo. A seguir vem a estação da primavera, que nos põe em evidência, que faz a nossa presença conhecida no mundo, e que é limitada pela expressão da nossa cólera.

O começo do verão é caracterizado pela energia do crescimento, quando se cultiva a energia da criatividade e a qualidade da atenção plena. Quando nos apequenamos frente à intensidade desse processo, sentimos um pânico esmagador, uma sensação de urgência e de pressa, bem como o desejo ardente de uma solução ou alívio de uma tensão interior. Ficamos presos a esse desejo, reduzindo tudo a simples dados na busca da satisfação do nosso senso de necessidade. Podemos lidar com esse desejo urgente da mesma forma que fizemos com o medo e com a cólera, a fim de descobrir a energia básica dessa emoção.

O fim do verão é uma época de riqueza, de florescimento, de realização, de união e relacionamentos. Trata-se, naturalmente, de um tempo em que o crescimento interior expande-se para fora a fim de abarcar o ambiente. A flor espalha o perfume não para si mesma, mas para que o ambiente saiba que ela está ali e para estabelecer um relacionamento com aquilo que está além de suas fronteiras imediatas. Quando essa energia de relacionamento e inclusão se contrai, o ambiente não desaparece, mas torna-se uma fonte de aborrecimento, ansiedade e distração.

O outono é a estação da renúncia, do abandono e da entrega de todos os frutos produzidos nas etapas de crescimento que a precederam. É a estação em que a energia volve à sua fonte para ser reciclada. Quando resistimos ao abandono e nos contraímos na tentativa de agarrar as riquezas que se vão, experimentamos uma sensação de perda e nos entregamos à lamentação.

Nossa estação interior determina a intensidade das nossas reações emocionais inconscientes. A tampinha perdida de um tubo de pasta de dentes pode não nos aborrecer em meio à riqueza do verão anterior, mas o mesmo incidente pode provocar uma violenta explosão quando aguardamos a estação interior da primavera com hábitos ultrapassados.

Toda crise emocional é uma oportunidade para conhecer a energia essencial a que estamos resistindo. Cada uma delas oferece a possibilidade de alcançar mais lucidez. Quando trabalhamos assim com as emoções e aplicamos a energia à jóia da compaixão no centro de transformação, o canal principal se abre e se expande. Podemos até sentir o calor que sobe para o alto da nossa cabeça. E a energia ali acumulada também pode descer para o caldeirão. Enquanto a energia se mistura, se expande e se irradia, sentimos a vida em ação.

O verdadeiro aprimoramento dessas práticas ocorre na nossa interação com os outros. Nossa capacidade para agir harmoniosamente desenvolve-se, em última análise, no âmbito de nossos relacionamentos, quando trabalhamos, brincamos e temos contatos íntimos. A compaixão não pode permanecer como um sentimento abstrato. E ela só se materializa por meio da ação conjunta.

Na sociedade moderna, em que a sobrevivência depende da comunicação e da interação (muito mais que das nossas habilidades como caçador, pastor e agricultor), temos inúmeras oportunidades de praticar a compaixão. A sobrevivência e o bem-estar de todo o planeta dependem de transcendermos a busca de poder e de desenvolvermos uma ação compassiva num ambiente acolhedor de que todos fazem parte e onde todos sabem que têm seu próprio valor.

8

Prisioneiros do Conforto
A Esfera dos Deuses Isolada do Mistério

Como se pudéssemos matar o tempo sem ofender a eternidade!

H. D. Thoreau, *Walden*

O que de mais belo podemos experimentar é o mistério. O mistério é a fonte de toda arte e ciência verdadeiras. Aquele a quem essa emoção é estranha, que não consegue deter-se para se maravilhar e ficar perplexo, pouco mais é que um morto. Tem os olhos fechados.

Albert Einstein, *What I Believe*

A pessoa que, como ela, acredita que as coisas se encaixam, que há um todo do qual somos parte e, sendo parte, somos o todo: uma pessoa assim não precisa nunca brincar de Deus. Só os que negam o seu ser brincam com isso.

Ursula LeGuin, *The Lathe of Heaven*

Se não compreendemos como o inimigo — as aflições — existe, então, a despeito da perpétua vaidade de sermos seres espirituais, não passaremos de cavernas.
Se não fizermos nenhum esforço para manter o autocontrole dentro da mente,
Então, ainda que proclamemos grandes e profundas verdades espirituais, não passaremos de ecos.

Geshe Rabten

Os habitantes da esfera dos deuses julgam-se nascidos do lótus, totalmente imaculados e puros. Estão sempre preocupados com o con-

forto e a diversão. O clima de seu território é mantido sob controle. Espelhos e retratos de si mesmos constituem a decoração básica, para que possam apreciar a própria aparência. Cada qual pensa ter criado o mundo ou pensa que o mundo foi criado para seu próprio benefício e fruição. Tudo gira em torno das vaidades do "eu".

Avalokita surge nessa esfera como o Pai Espiritual, manifestando-se, com o seu alaúde, sob a forma de Vairocana (um bodhisattva *seme-lhante ao sol, brilhante e alvo, que representa as qualidades da suprema sabedoria). Ele toca melodias lindas e aliciantes. Alguns deuses se aquietam com a música, outros começam a dançar e a marcar o ritmo com os pés, outros ainda mergulham em transe. Então ele, no meio de um compasso, pára subitamente de tocar, detém o fluxo e deixa os deuses surpresos, sem nada para ouvir. Repete o processo com outra melodia até conseguir despertar-lhes a capacidade de ouvir e de mara-vilhar-se.*

A Divina Mãe, Akashadhatisvari, a "matriz do espaço infinito", convida os deuses a descobrirem esse espaço intérmino e a mara-vilharem-se consigo mesmos. Toda vez que Vairocana interrompe a música, ela diz: "Oh! O que é isso?" Os deuses replicam: "Bem, era uma magnífica música de alaúde." "Não!", retoma ela sugestivamente, "refiro-me ao que houve depois do alaúde. O que foi?" Enquanto Vairocana atua sobre a audição dos deuses, Akashadhatisvari leva-os a ouvir a sua própria audição. Dessa maneira, os deuses também se tor-nam conscientes da impermanência e da mudança, adquirindo a capa-cidade de transcender.

No afã de garantir a felicidade e a continuidade em face da mudan-ça, podemos alcançar sucessos que pareçam nos oferecer recompensas materiais ou espirituais. Sentimo-nos bem com a posse material, com o *status*, com o poder, com a obtenção de estados mentais mais elevados, com o amor dos outros, com a excelência com que vemos a nós próprios. Perdemos a pista do medo e da esperança graças aos prazeres sensuais, aos construtos mentais de celestes reinos interiores e à preocupação com os "bons" sentimentos. A dor é negada, ignorada ou repelida como algo irrelevante para a conquista da felicidade. Ela é considerada invasora da nossa auto-estima, indício de atitudes pouco saudáveis e modo de vida inadequado. Nós, na verdade, alimentamos a noção de prazer infindável e de felicidade eterna para os nossos corpos e mentes.

126

Autofascinação

Essa é a esfera dos "deuses". Como deuses, as nossas vaidades — imagens daquilo que julgamos ser — estão relacionadas com a beleza, o poder, a fortuna, a fama, a virtude e o orgulho. Longe de nos inquietarmos com os fracassos e as inadequações, sentimo-nos fascinados com os nossos próprios poderes e atributos. Admiramo-nos, ficamos seduzidos pelo conforto e pela alegria resultantes dessa admiração. Conflito, luta, dor, feiúra, crítica, insatisfação e cólera são tidos como inconvenientes para a criação do ambiente certo, cheio de "boas" vibrações. Queremos nos cercar apenas daquelas pessoas e coisas que contribuem para o nosso bem-estar, a nossa auto-estima, o nosso gozo e a nossa felicidade. Exorcizamos forças e influências negativas. Para nós, a luta cessou ou está para cessar. Estamos perto de conseguir realizar e manifestar o nosso potencial ilimitado por meio de nosso poder pessoal ilimitado.

A Preocupação com o Bem-Estar

Nós nos preocupamos em adquirir coisas, não para provar algo, mas para usufruir da alegria que elas trazem. Intrigam-nos os sentimentos produzidos quando nos apegamos ao nosso bem-estar. Sentimentos bons têm de ser corretos e virtuosos. Sentir-se alegre, fisicamente bem, emocionalmente expansivo e amável: isso não pode ser ruim. Se os outros sofrem, é porque não se empenharam direito para criar uma sólida situação interior e exterior. Cultivando essas condições em nossas vidas, reformaremos o universo segundo a nossa imagem beatífica.

Todavia, em vez de trabalhar ativamente para melhorar o mundo, ocupamo-nos apenas com as imagens. Na verdade, não criamos nada. Simplesmente evitamos encarar a nós mesmos, nossos problemas, nosso tédio e o resto do mundo. Saímos em busca de diversão, de algo que prenda a nossa atenção de um modo agradável. Queremos viver para ser "alegres", como se a "alegria" é que tornasse a vida digna de ser vivida.

Nessa esfera, apegamo-nos aos "bons sentimentos e ao sentir-se bem" — bons sentimentos em relação a nós próprios, às nossas posses, às pessoas que conhecemos e às obras do universo que nos proporcionam poder pessoal, prazer, admiração. Nossa canção-tema é "Deixe as boas coisas rolar".

A Criação do Nosso Mundo de Prazer

Cremos ter, finalmente, encontrado a resposta para o problema da existência: e essa resposta somos nós. Tudo que precisamos é magnetismo pessoal, que trará para a nossa vida aquilo que queremos. O magnetismo nos trará o parceiro certo, a fortuna, para não falar de vagas sempre à disposição nos estacionamentos. Quando alcançamos algum sucesso, pensamos que isso se deveu ao nosso poder pessoal. Isso pode ser tremendamente excitante. Não reconhecemos outras forças no universo, mas concentramo-nos no modo como fizemos as coisas acontecerem — nem tanto graças ao trabalho duro, mas ao magnetismo de nosso ser.

Evitamos o esforço procurando o meio mais suave de maximizar o prazer e o bem-estar. À diferença da atividade fácil que flui de nós quando estamos em sintonia com a nossa natureza essencial, o corpo, no esquema mental dessa esfera, torna-se alienado, exceto no que diz respeito à sua capacidade de proporcionar prazer. A tensão é inimiga. A alienação nos faz mergulhar cada vez mais nos domínios da mente em busca de atitudes mentais que produzam sentimentos positivos sem o empenho de nosso corpo ou a necessidade de relacionamentos. Procuramos fora de nós práticas ainda mais sofisticadas para alcançar a suprema felicidade. Tentamos viver toda a nossa vida num estado de transe hipnótico.

Na verdade, nós hipnotizamos a nós mesmos. Caímos em transe com o nosso ser, com as coisas belas que possuímos, com as nossas ações virtuosas, com os nossos admiradores, com as nossas realizações, com os nossos pensamentos amorosos, com o nosso prazer e com a nossa capacidade de nos divertir. Caímos em transe com a nossa própria existência, como se fôssemos responsáveis pela nossa criação.

A Fuga da Vida pelo Conforto

Como deuses, recuamos para o conforto do nosso corpo, da nossa mente ou de ambos. As funções vitais que a cultura desempenha no nosso crescimento, na nossa capacidade de enfrentar as transições da vida e na nossa participação numa comunidade maior são distorcidas pelas preocupações da esfera dos deuses. Muito da cultura popular destina-se a seduzir-nos com os prazeres do corpo, ao passo que a cultura clássica, mais elevada, tenta desenvolver o mundo rarefeito da mente. No contexto da esfera dos deuses, as expressões culturais tornam-se uma fuga das verdadeiras condições da vida, da morte, dos outros e da dor. A cultura passa a ser algo que se deve consumir — e pela qual se deve ser consumido —, não um veículo de colaboração. O estilo de vida, não a expressão autêntica, torna-se a mensagem.

Cada vez mais, transformamo-nos em observadores e participantes passivos da vida, em vez de sermos os atores. Presos à mídia e às técnicas fáceis de prender a nossa atenção, exigimos satisfação imediata. Achamos que temos direito à "boa vida", como o vencedor num comercial de loteria. Acalentamos também o ideal de remover todas as causas e formas de sofrimento do nosso mundo pessoal, de forma que o ambiente não fique contaminado pelo sofrimento.

Em Busca da Unicidade

Nessa esfera, queremos ser "um com o universo". Tentamos voltar a um tempo em que não sentíamos nenhuma separação, em que o mundo da nossa experiência parecia ser o único existente. Desejamos recuperar a experiência e o conforto do útero. No universo do útero, tudo nos pertencia sem qualificação e existia para amparar a nossa existência, o nosso crescimento. Agora, queremos que o cosmos seja o nosso útero, como se houvera sido criado apenas para nosso benefício.

Queremos que a satisfação flua de forma mais fácil, mais natural e automática. Isso parece menos possível quando estamos às voltas com os afazeres mundanos. Por isso, recuamos para o mundo familiar daquilo que é nosso, que podemos controlar e influenciar. Podemos até recuar para o âmbito da mente. Tudo acontece com tanta facilidade na esfera da mente depois que obtemos um controle dela! Isolando-nos das tribulações dos outros e da vida, passamos a ser seduzidos pela aparente infinitude do universo mental.

Nesse processo de arrebatamento, tentamos tornar todo som, musical; toda imagem, uma obra de arte; todo sentimento, um prazer. Bloqueando todas as fontes de irritação, retiramo-nos para um pretenso plano existencial "mais elevado". Cultivamos as "qualidades superiores da vida", desdenhando a vida "mundana".

A Farsa da Consciência Superior

O perigo que nos cerca na senda espiritual está no fato de que as práticas e ensinamentos podem antes beneficiar a esfera do que dissolver as nossas fixações abrindo-nos para a verdade. Descobrimos que podemos superar o prazer sensual e a beleza material em proveito de estados de consciência mais refinados. Gozamos prazeres puramente mentais, de sutileza crescente, e aprendemos a sustentá-los por longos períodos. Achamos que somos capazes de alimentar a nossa nova vaidade e até de expandi-la para abranger o cosmos inteiro, vencendo assim a mudança, a velhice e a morte. Chogyam Trungpa Rinpoche chama a esse processo de "materialismo espiritual".

Por exemplo, usamos o senso de espacialidade para expandir a nossa consciência adotando idéias preconcebidas sobre a infinitude do cosmos. Contemplamos tudo o que criamos, e "vemos que é bom". Nossa vaidade no reino dos deuses alça a imagem que temos de nós mesmos ao nível do divino: sentimo-nos aptos a compreender o universo e a natureza da realidade.

Avançamos além da contemplação do espaço limitado, ampliando a nossa consciência para englobar as próprias forças que criam a vastidão. Como criadores de imensidões, imaginamos que não temos fronteiras, limites, posição fixa. Agora, a nossa mente pode tragar tudo. Descobrimos que não temos conceitos que definam essas imagens e possibilidades, por isso supomos que o Divino, ou a Essência, talvez não seja algo que possamos conceber, mas algo destituído de características conceituais.

E dessa forma a nossa vã consciência conclui que o Divino não tem uma localização definida; ele nada é em especial e está além da nossa imaginação. Concluímos que mesmo a tentativa de compreender o vazio é, ela própria, um conceito, sendo o vazio destituído de significação inerente. Voltamos a atenção para a idéia de *não* sermos coisa alguma em particular. Por fim, alcançamos a gloriosa constatação de que nada pode ser realmente estabelecido, de que nada possui um valor inerente. Essa postura mental torna-se a nossa suprema vaidade. Orgulhamo-nos dela, identificamo-nos como pessoas que "sabem" e, diante do mundo, adotamos a postura de quem chegou aos limites extremos do desconhecido.

Dessa maneira, vamos criando mais e mais cadeias que nos prendem e limitam o nosso desenvolvimento à medida que mergulhamos fundo em nós mesmos. Ao pensar que nos tornamos um com o universo, apenas criamos uma unicidade maior com a nossa própria auto-imagem. Em vez de lançar luz sobre a nossa ignorância, ampliamos o seu domínio. Desligamo-nos ainda mais dos outros, da comunicação e da autêntica comunhão — como também da compaixão. Cada vez mais, de um modo sutilíssimo, acorrentamo-nos até o ponto de sufocação, a pretexto de ser livre no espaço.

As Farsas Espirituais do Mestre e do Discípulo Devotado

Depois de adquirir alguma compreensão, depois de nos sentirmos mais expansivos, talvez imaginemos que somos uma dádiva especial de Deus à humanidade, enviados para pregar a verdade. Embora possamos não reconhecer que temos algo a provar, em um nível qualquer tentamos provar quão superiormente únicos e importantes nós somos. Nosso estilo de vida espiritual é a expressão dessa singularidade e importância.

Os mestres espirituais correm grande risco de cair na armadilha da esfera dos deuses. Se o mestre tem carisma e capacidade para, ao mesmo tempo, canalizar e irradiar intensa energia, esse poder pode ser usado para engendrar esperanças falsas nos discípulos e mantê-los na subserviência. O verdadeiro mestre abala a esperança, ensina mediante o exemplo da sabedoria e da compaixão; ele encoraja os discípulos a serem autônomos na investigação pessoal da verdade, na análise de sua própria experiência e na confiança posta antes nos resultados obtidos que na fé.

O mestre não é um deus; é apenas uma ponte para o desconhecido, um guia para a obtenção da lucidez e da energia necessárias ao crescimento espiritual. O mestre, nada diferente de nós, mostra o que é possível na vida e ensina como seguir o caminho da compaixão para nos tornarmos livres. Em certo sentido, o mestre toca ambos os aspectos de nosso ser: por um lado, a nossa vida cotidiana de hábitos e sentimentos; por outro, a nossa consciência desperta e a nossa sabedoria. Embora o respeito e a abertura para com o mestre sejam importantes para o nosso crescimento e liberdade, a devoção cega prende-nos à pessoa do mestre. Ficamos então confinados pelas limitações da sua personalidade, em vez de nos libertarmos graças aos seus ensinamentos.

Falsa Transcendência

Muitas das características dessa esfera — imaginação criativa, tendência a ir além da realidade presumida e da perspectiva individual, o sentimento de expansão — aproximam-se da dinâmica subjacente do deslumbramento. Neste, encontramos as sábias qualidades da abertura, da verdadeira beatitude, a constatação da espacialidade da qual todas as coisas emergem e o alinhamento com os princípios universais. A postura da esfera dos deuses resulta em experiências superficiais que condizem com os nossos preconceitos a respeito da compreensão, mas carecem da autenticidade do deslumbramento e de base para a compaixão e a liberdade.

Como essa esfera em si parece proporcionar transcendência, ela é uma das mais difíceis de transcender. A postura do coração, nessa esfera, insta-nos a transcender o conflito e os problemas até nos sentirmos bem. A ânsia de bem-estar interior, em detrimento de uma autêntica abertura para o desconhecido, governa a nossa busca. Entretanto, muitos sentimentos brotam ao longo do processo autêntico de compreensão. A certa altura, sentimos dor e desorientação, mas também uma espécie de bênção que nos faz sentir como que inflamados (se é que existe algo ou alguém que se possa inflamar). Quando nos satisfazemos com o bem-estar, nos conformamos com um falso entendimento: o alívio e o orgulho que nos assoberbam quando achamos que compreendemos tudo.

Porquanto imaginamos que aquilo que nos faz sentir bem só pode ser correto, ignoramos os acontecimentos perturbadores, as informações, as pessoas, enfim, tudo o mais que não se encaixe na nossa visão do mundo. Elevamos a ignorância ao nível de beatitude, excluindo da nossa atenção tudo aquilo que não nos beneficie.

Preocupados com o eu, com a grandeza, com o poder e a reverberação do nosso próprio ser, enfrentamos o mistério do desconhecido. Se nos sentimos ameaçados por ele, sufocamos a dinâmica natural do deslumbramento que acompanha tudo aquilo que está além de nossa auto-excitação. Podemos, ou incluir a vastidão e o desconhecido no nosso senso de nós mesmos, ou ignorar tudo isso para não nos sentirmos pequenos e insignificantes. O espanto ante as forças da graça não pode ser aceito devido ao medo de invalidação da nossa auto-imagem.

Acima da Lei

Segundo o ponto de vista que só beneficia a nós mesmos, estamos acima das leis da natureza e da humanidade. Achamos que, se o que fazemos parece razoável, então é porque é apropriado. Devemos contas a nós mesmos, não às outras pessoas, ao meio ou à sociedade. A história da humanidade está repleta de exemplos de políticos, empresários e religiosos que, mercê dessa atitude, provocaram incontáveis sofrimentos.

Diferentemente dos titãs, que lutam contra a morte, nós, enquanto deuses, sabemos que a morte não é real. Encontramos consolo na idéia de que "a morte não passa de uma ilusão". Só morre quem não encontrou o seu verdadeiro lugar para além do tempo, da mudança e do perecimento. Podemos até supor que temos potencial para desenvolver os nossos corpos e mentes a ponto de conseguirmos reverter o processo do envelhecimento, tornando-nos "imortais".

Um homem, caminhando pela praia, abaixa-se e apanha um seixo. Observando a pedrinha em sua mão, sente-se poderosíssimo e folga ao pensar que, com um simples gesto, assumiu o controle do seixo. "Você esteve aqui por muitos anos e, no entanto, agora está na minha mão." E o seixo responde: "Embora, para você, eu não passe de um grão de areia, você, para mim, não passa de uma brisa fugidia."

De um Extremo ao Outro

Nessa esfera, tornamo-nos extremistas. Queremos cultivar o máximo da autoconfiança, o absoluto do poder pessoal, o ponto final da excelência e o melhor da vida. Toda virtude, porém, levada a extremos torna-se um vício. Fazemos da nossa virtude antes uma fixação do que uma resposta espontânea.

Essa mentalidade, típica, da esfera dos deuses, freqüentemente emerge quando começamos a irromper das outras esferas. Na presença da nossa testemunha interior e da expansividade inicial que se segue, imaginamos que essa espacialidade é uma compreensão verdadeira. Compreendemos que somos *maiores* que os nossos problemas. *Podemos* sentir alívio e bem-estar. *Temos* poderes e recursos. Como um pêndulo, oscilamos de um sentimento de inadequação, de impotência e de conflito para um sentimento de grandiosidade. E esse sentimento recente de nós mesmos não funciona apenas como alívio para as nossas dores, como nos seduz com a idéia de que podemos mesmo criar o mundo de nossos sonhos.

Quando nos livramos das fixações e da necessidade de provar aos outros quem somos, ficamos sujeitos à intoxicação dos deuses. Pensamos não mais ser questionáveis por nenhuma outra autoridade exceto a nossa própria. Embora seja importante para o crescimento nos libertarmos da autoridade interna e externa, na perspectiva fechada de um deus, perdemos a capacidade de reagir. Quando negamos a realidade da nossa situação e da situação dos outros, tornamo-nos insensíveis e, portanto, irresponsáveis. Então, ao primeiro desafio lançado contra a nossa auto-estima, os velhos hábitos de insegurança reaparecem. E outra vez, como um pêndulo, oscilamos na direção do sofrimento.

Como deuses, tentamos encobrir o medo do desamparo e da insignificância. Prestes a cair no abismo da esfera do inferno, protegemo-nos com complicadas estratégias de negação e distração. Sob a aparente beatitude há um profundo terror: da morte, da perda de poder, da fortuna, da fama e da beleza, bem como de afundar numa melancolia em que tudo parece destituído de significação.

Vaidade

O problema não é o ego. Ter uma personalidade e a capacidade de auto-referência não constitui, em si, a questão. O que impede o crescimento é a vaidade do ego, o aspecto do conceito que temos de nós mesmos ligado a opiniões particulares sobre quem somos e sobre o que nós somos. Vaidade significa "futilidade", "inutilidade", "desvalor", "vacuidade", "opinião errada sobre nós mesmos". A vaidade é a nossa auto-imagem. Atribuímos verdade e grande significado a essa imagem. Chegamos a apoiar nela a nossa vida. Entretanto, se a examinarmos cuidadosamente, veremos que se trata de algo absolutamente sem valor.

A Constatação da Impermanência

O primeiro passo na senda do despertar do transe que experimentamos na esfera dos deuses consiste em reconhecer a impermanência.

Alimentamos o pensamento de que a única coisa que dura é a mudança: tudo o que vem, vai; tudo o que surge, desaparece; tudo o que se ganha, se perde.

A transitoriedade e a vastidão vazia onde todas as coisas submergem são aquilo de que nos escondemos. Enfrentar essa dura verdade pode ser assustador, mas permite a abertura para a sua outra face: o deslumbramento. Deslumbramo-nos pelo fato de a criação estar continuamente em curso, de que a vida brote sem cessar. Assim, o que vier *irá* — a vida surge a cada instante; tudo o que surgir, *desaparecerá* — novas maravilhas estão sempre aparecendo; tudo o que se ganhar, se *perderá* — e isso abre espaço para novas florações.

Nós nos deslumbramos por ocasião do nascimento de uma criança. Depois de todos os esforços, aborrecimentos, dores e preocupações, chega o instante em que, de súbito, um novo espírito se manifesta num mundo em que jamais esteve. Postar-se à beira do Grande Canyon pela primeira vez dá uma idéia desse maravilhamento: é como se o mundo se nos abrisse em maior plenitude do que nunca. O deslumbramento é a alegria de perder-se no desconhecimento a cada instante.

Quando nos deslumbramos, também reconhecemos a presença das outras pessoas. Na dependência do que tememos em termos de relacionamentos e do que nos sentimos forçados a provar a nosso próprio respeito, corremos o risco de despencar para uma ou mais das outras esferas. No entanto, se abrimos os nossos corações com sinceridade, percebemos o prodígio dos mistérios da vida.

Se, intencional e lucidamente, aceitarmos o estado de desamparo e desesperança, assistiremos ao milagre da nossa própria existência e vivenciaremos o deslumbramento por tudo aquilo que se nos depara. Então, sentiremos gratidão pelas nossas vidas.

O Rei que Sonhou que Estava Nu

Era uma vez um rei que tinha tudo o que queria: um belo reino, requintados banquetes, súditos dedicados e leis que garantiam o bom comportamento e a ordem. Vivia ele no melhor dos mundos que podia imaginar.

Certo dia, ligeiramente tocado por um vinho precioso que ganhara de presente, adormeceu sentado no trono. Logo começou a sonhar. No sonho, viu-se nu em meio a um deserto. A princípio não atinou com o que fazer, já que os outros sempre haviam cuidado dele. Vagou pelo deserto numa direção, depois na outra, buscando um abrigo qualquer. Sentindo-se perdido, o rei se agitava em seu sono. Suas esposas e criados começaram a inquietar-se observando tamanha agitação.

Em sonho, o rei avistou ao longe o brilho de uma cidade e rumou para lá. Tropeçava na areia quente e pedregosa, acossado pelos raios ardentes do sol. Ao aproximar-se de seu destino, reconheceu o seu próprio castelo. Animou-se diante da idéia de voltar ao conforto de seus aposentos, protegido da rispidez do mundo inóspito. Estugou o passo, embora estivesse cansado, machucado e faminto.

Ao cruzar um campo aberto para alcançar os portões da cidade, lembrou-se de que proclamara um edito contra a nudez. Queria na época proteger o reino dos "vagabundos" nus que vinham do deserto para mendigar. Rezava o edito que as pessoas que aparecessem nuas em público seriam imediatamente executadas e sepultadas. Deteve-se, concluindo que deveria ter pensado melhor no assunto.

Porém, já era tarde. As trombetas chamaram os guardas às armas; a ponte levadiça foi baixada e uma companhia de soldados correu em direção ao intruso nu. Assustado, ele pôs-se a correr o mais rápido que podia. Compreendendo que os guardas montados eram mais velozes, saltou para uma moita a fim de esconder-se. Os soldados sabiam que ele estava por ali em algum lugar e desmontaram para procurá-lo. O homem nu, percebendo que deveria achar um esconderijo melhor, enterrou-se na areia. Não tardou que se sentisse sufocar. Tossiu e resfolegou.

Enquanto o rei tossia e sufocava em seu sono, todos se alarmaram. O médico da corte sacudiu-o e balançou uma campainha próximo de seus ouvidos para despertá-lo. Enquanto o rei abria os olhos e sentia a mente clarear, ouviram-se as trombetas soando o alarme: havia alguém nu no perímetro da cidade. O rei pulou do trono e gritou aos seus guardas que impedissem os soldados de machucar o intruso.

Os guardas saíram imediatamente, com o rei em seus calcanhares, para impedir o cumprimento do edito. Quando chegaram ao local onde as moitas cresciam, viram que os soldados acabavam de desenterrar um homem e moíam-no de pancadas. "Eu sou o rei!", gritava-lhes o infeliz.

Os guardas impediram que se molestasse ainda mais o pobre-diabo. O rei, envolto apenas em seu manto real, ordenou que se poupasse o intruso nu. O homem disse: "Sim, não deverás matar-me porque sou o rei." Os soldados mostravam-se consternados, resmungando que apenas cumpriam o seu dever fazendo valer os editos reais.

O rei, voltando-se para o homem, cobriu-o com o seu próprio manto e perguntou: "Já que és o rei, atenderás ao meu pedido de suspender o edito contra a nudez?" O outro respondeu que sim. Então o rei colocou a coroa na cabeça dele e exclamou: "Ótimo!", e se pôs em seguida a dançar nu no deserto.

Deleite e Deslumbramento

As possibilidades de gozo existentes na esfera dos deuses também podem levar à apreciação e ao deleite. A natureza profunda dessas virtudes é obscurecida pelo apego e pelo medo. Entretanto, a ânsia por experiências culminantes exprime o desejo genuíno de viver. A vaidade trai a vontade de amar e de ser amado. A busca de conforto prende-se à necessidade de se relacionar e de se sentir integrado.

Quando despertamos do estupor auto-indulgente de um deus, percebemos a riqueza que nos cerca. Deixamos de recuar e passamos a ir em frente. A mudança de perspectiva e direção é, a princípio, desconcertante. Aos poucos, achamos o curso mais fácil porque estamos nos dirigindo rumo à lucidez. Também percebemos que conseguimos desenvolver habilidades na difícil tarefa de pilotar para trás. Apreço e deleite podem agora fluir naturalmente no maravilhamento de todas as situações, não apenas naquelas que julgávamos estimulantes ou divertidas.

Quando observamos, reverentes, a imensidão do céu noturno ou apreciamos a incessante atividade de um formigueiro, arrancamos, uma por uma, as camadas de preocupações. Com incontida admiração, abrimo-nos para a nossa própria vitalidade e para a vitalidade do mundo ao nosso redor. Valorizamos os princípios naturais que criam e sustentam a vida. Entregamo-nos ao momento presente e à vitalidade de todos os seres.

O Empenho em Crescer

Comprometer-se com a própria existência significa persistir no trabalho com o próprio ser a fim de crescer, amadurecer e ampliar nossas capacidades. Descontraímo-nos naturalmente na nossa vivacidade, buscando responsabilidade, na atividade e crescimento. Não ficamos à espera de um estado de beatitude, nem de realizações espetaculares, pois a vida nunca pára nem permanece estática.

Deslumbramo-nos intensamente com tudo e com todos. Sentimo-nos "maravilhosos". Quando estamos preocupados com o nosso próprio ser e em defender uma identidade particular, aterra-nos a imensidão, o vazio inerente a todos os fenômenos, a mudança. Depois que liberamos a nossa auto-imagem da necessidade de ser o universo, abrimo-nos para a riqueza que *é* o universo.

Em Busca da Essência

O trabalho consciente também nos abre para a natureza da Essência. Não se pode definir a Essência; ela está além das palavras, dos conceitos e das descrições. É o contexto ou espaço do qual, no qual e para o qual nascem todos os espaços e contextos. Ela está destituída de quaisquer qualidades específicas, mas a todas inclui. A Essência é a natureza fundamental, ou absoluta, da realidade em sua plenitude.

Para descobri-la, saímos à cata dos tijolos da realidade. Exploramos a natureza íntima da experiência, dos fenômenos e das coisas. À medida que decompomos as coisas em seus componentes mais elementares, afastamos os momentos presentes que não conseguimos apreender conceitualmente, lingüisticamente, experimentalmente. Eles são vazios até mesmo do conceito de vacuidade. Como diz Baker Roshi, "Tudo o que se pode determinar é que eles não existem no passado, nem no futuro, e que no presente são inapreensíveis".

Não se compreende a Essência. Isso não quer dizer que nós e o mundo não existamos, mas apenas que a verdadeira natureza dos fenômenos está além dos conceitos e da experiência corriqueira. Ela não pode ser detectada pelo pensamento comum, nem comunicada pela linguagem, que polariza as coisas entre "existentes" e "não-existentes", "reais" e "irreais", "afirmativas" ou "negativas". Não nos é possível compreender ou dominar a Essência por meio desse ou de qualquer outro conjunto de categorias porque nada existe conceitualmente.

Não devemos renunciar ao pensamento, pois que ele é necessário para o que quer que façamos; devemos, sim, reconhecer as limitações da percepção conceitual. Então, na nossa tarefa espiritual, podemos concentrar os esforços num tipo de percepção fundamental independente de conceitos.

Mercê dessa percepção não-apreensiva e não-conceitual, superamos o desejo de conhecer e deixamos que a realidade permaneça essencialmente indeterminada. Com a prática, não mais rotulamos nem organizamos a vida. Quando transcendemos o impulso de assinalar fronteiras conceituais e dar atributos aos fenômenos, abarcamos porções maiores daquilo "que existe". Libertos do "isto" ou "daquilo", ou do "isto e aquilo", abarcamos o "isto", o "aquilo", o "tudo" e o "nada". Nossa atenção expande-se para a lucidez em lugar de contrair-se em torno da vaidade.

Realidade Profunda e Convencional

Quando descortinamos essa abertura, entendemos dois aspectos da realidade e dois tipos de sabedoria: a convencional e a profunda. Na realidade convencional, tudo é relativo. Com a sabedoria convencional, agimos "como se" as coisas existissem e "como se" pudéssemos acumular conhecimentos a respeito delas, interagir com elas, afetá-las e ser por elas afetados. A sabedoria profunda exige o conhecimento de que as coisas não existem por si, de que a realidade última ou absoluta acha-se além do nosso pensamento (de todos os nossos "como se") e de que a *Essência é*. Graças à sabedoria profunda, atuamos com a consciência do vazio e o conhecimento dos aspectos tanto convencionais quanto profundos do mundo. A Essência não é determinada pelo relativo ou pelo absoluto, pelo "como se" ou pelo vazio. Ela os inclui a todos sem ser por eles definida.

O Encanto dos Ritmos do Desconhecido

A compaixão nos arrasta do eu para o não-eu. O maravilhamento nos abre para o desconhecido. Isso significa que podemos experimentar a surpresa, não no sentido de ficarmos boquiabertos, mas encantados. Fruímos o deleite do maravilhamento e irradiamos esse deleite para os outros. Nossa presença aprazível é sentida como um tépido raio de sol e ouvida como uma vibrante música das esferas.

Quando nos sintonizamos com os ritmos do universo, abrimo-nos para os ciclos da vida e da morte, bem como para as estações interiores do nosso próprio crescimento. Descontraímo-nos no fluxo da vida e partilhamos de todo o seu embevecimento. Plantamos as sementes de nossas intenções, zelamos por seu crescimento com atenção e desvelo, compartilhamos suas flores e frutos — e deixamos que feneçam e voltem à terra.

Usamos — em vez de resistir a eles — os ciclos interiores e exteriores da natureza. Como a serpente que muda de pele à medida que cresce e deixa para trás a antiga aparência, morremos para o eu anterior, atravessamos um período vulnerável e incômodo, e assumimos um novo eu para dar continuidade ao processo. A plenitude é a participação irrestrita na vida e não a validação da nossa identidade ou importância pessoal.

Renúncia às Aquisições

No trabalho espiritual, a primeira coisa que se deve fazer com respeito a uma aquisição é renunciar a ela. Não devemos tentar possuí-la, o que apenas a transformaria num objeto de orgulho e num fardo a carregar. Em vez disso, agradeçamos por esse presente e o coloquemos a serviço dos outros. A palavra "renunciar" significa oferecer-se a alguém ou alguma coisa separada de nós.

Investigação da Nossa Verdadeira Natureza

A primeira meditação é uma investigação da nossa verdadeira natureza. Comece concentrando-se e avivando a sua intenção de tornar-se livre por meio dessa meditação, para bem próprio e dos outros. Imagine-se, então, de volta a um tempo anterior ao seu nascimento. Tente imaginar como seria antes de chegar à existência, antes de tudo o que lhe aconteceu na vida. Como se sente? Repare em sua radiância natural. Perceba como essa verdadeira natureza está afetando as suas sensações orgânicas, a sua respiração, a sua postura, a sua energia. Pergunte: "Quem está sentindo isso?" Continue perguntando. Em seguida, relaxe e deixe que os pensamentos emerjam no espaço como mera presença.

A Divina Permanência

A segunda meditação chama-se Divina Permanência. Nesse processo, após rememorar e enfocar o seu propósito, visualize ou sinta todos os seres no espaço em torno de você e contemple o sofrimento deles. Pense na dor de seus pais e parentes. Abra o coração para as suas dificuldades físicas e emocionais, compreendendo que, como você, também eles desejam ser livres de todos os padecimentos. Repita o processo com as pessoas conhecidas e com aquelas de quem não gosta, reconhecendo que elas são governadas pelos mesmos padrões que governam você. Abra-lhes o coração. Faça isso com todos os seres.

Inicie a etapa seguinte da meditação entrando em contato com as qualidades divinas que existem em você. Ao sentir o corpo e a mente permeados por uma qualidade divina qualquer, irradie-a, inunde com ela o espaço ao redor. As seguintes qualidades dão corpo à divina permanência ou estado de ser:

1. REVERÊNCIA: respeito amistoso, sentimento de perplexidade e maravilhamento ante o ato de ser.
2. AMABILIDADE: alívio ativo do sofrimento alheio, com amor irrestrito.
3. JÚBILO: ato de manifestar e expressar alegria, a celebração da vida e do vigor.
4. EQUANIMIDADE: centro harmonioso, aberto, equilibrado e sereno do espaço; tranqüilidade desprendida e lucidez calma que a tudo valoriza.

Entre em contato com cada qualidade lembrando-se de quando você era um receptáculo dessa qualidade e a transmitia aos outros. Lembre-se, por exemplo, de uma época em que era reverenciado ou reverenciava alguém. Deixe que essa qualidade se espalhe por seu corpo e irradie-se de cada célula. Emita-a para os seus pais e entes queridos, depois para os amigos e conhecidos. Emita-a, enfim, para todas as criaturas. Repita o processo para cada uma das qualidades restantes: amabilidade, júbilo e equanimidade.

Do Cárcere para a Liberdade

Quando aferrados à esfera dos deuses, precisamos examinar não apenas a nós mesmos e nossos hábitos, mas também ao mundo que nos cerca. A tarefa que conduz ao despertar exige que se ouça um som e se pergunte: "De onde ele vem?" e "Para onde vai?". Quando começamos a despertar, percebemos a vastidão do universo e investigamos a natureza do espaço. Exploramos o modo como cada coisa e cada criatura está relacionada com o todo, como todos contribuem para um mundo de comunhão. Acionamos as nossas energias criativas e abrimo-nos para a criatividade dos outros, que se expressa a cada momento, continuamente. Aprendemos como nos expor a todos os aspectos da experiência humana e a fruir o variado esplendor do universo. Acatamos os princípios que governam os fenômenos e exprimimos a nossa vitalidade em tudo o que fazemos. Reconhecemos a fatuidade própria dos fenômenos, das atividades, dos conceitos, dos sentimentos, das realizações — e rejubilamo-nos com a liberdade dessa constatação.

Lei de Coulomb

Força de atração e repulsão,

$$F = \frac{8.99 \times 10^9 \times Q_1 \times Q_2}{d^2} \text{ newtons}$$

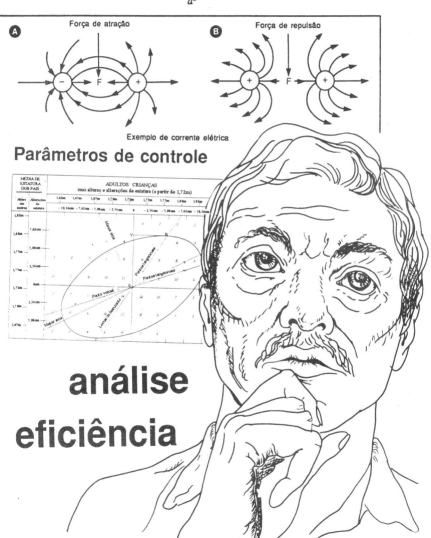

9

Viver sem Dúvidas
Conceitos da Esfera Humana vs.
Experiência Direta

O problema dos argumentos é que, no final das contas, eles não passam de teorias — e teorias não provam nada; apenas nos propiciam um descanso enquanto quebramos a cabeça para descobrir algo que *não há meio* de descobrir.

Mark Twain

Nossa mente pode ultrapassar a linha divisória que traçamos para ela. Além dos pares de opostos de que o mundo é constituído, novas percepções têm início.

Herman Hesse

O objetivo do artista não é resolver um problema de uma vez por todas, mas fazer as pessoas amarem a vida em suas incontáveis e inexauríveis manifestações.

Leão Tolstoy

Na esfera humana, os seres humanos tentam possuir tudo, até mesmo sua própria experiência e seu futuro. Estão constantemente dando nome a coisas, desenvolvendo conceitos sobre os fenômenos e atribuindo significados a si mesmos, aos outros, a tudo, enfim. Querem apropriar-se firmemente de suas vidas para terem valor. Anseiam pela valorização das pessoas, dos lugares, das coisas, do conhecimento. Crêem ter alcançado certo nível de controle e acham que podem encontrar a felicidade quando compreendem suficientemente bem as coisas. Seu senso de presença é mantido por explicações e pelas tentativas de tudo integrar ao seu esquema conceitual. Eles transformam pessoas e situações em dados. Têm cabeças grandes, mãos enormes, que tentam manipular coisas, e pescoços curtos.

Avalokita aparece aos seres humanos como o Pai Espiritual Ratnasambhava — fonte de valor. É de um amarelo brilhante, monta um cavalo e projeta a radiância da sua "presença". Às vezes se mostra envolto num manto amarelo, como um monge pobre que renunciou às pessoas, aos lugares e às coisas. Vai de um lugar a outro sem apegos nem posses. Porém, algo de valor brota dele: sua presença.

Mamaki, manifestação da Divina Mãe, é a mãe de tudo o que existe. Ela quer que todas as criaturas sejam o que são. Por isso, ama cada criatura e cada objeto exatamente pelo que são. Sem se preocupar em fazer nada, em possuir nada, sem ter que ser nada, tudo é amado apenas pelo que é. Ela convida os seres humanos a experimentar o sentimento de apreço incondicional pela sua própria existência, sua própria presença — e o fato de serem eles mesmos.

Os dois demonstram equanimidade. Atribuem valor a todas as coisas, transmitindo o senso da igualdade essencial de tudo o que existe. Além disso, Avalokita gera valor a partir do nada, representando a riqueza da presença no espaço do nada. Mamaki mostra como apreciar o valor de cada coisa apenas pela sua própria presença, sem que essa coisa tenha que ser, fazer ou possuir algo mais.

Seres humanos que somos, nossa mente pode valer-se de pensamentos, de imagens, de metáforas e de palavras para criar uma variedade infinita de mundos interiores. Essas formas de pensamento determinam as nossas percepções, guiam as nossas decisões e dirigem as nossas ações. Parece que os pensamentos têm vida própria, na qual assumem significados reais, relacionam-se com outros pensamentos, produzem resultados e podem superar todas as forças da natureza. No afã de nos tornarmos senhores do mundo, confiamos nessa singular capacidade humana, ou seja, o pensamento conceitual. Colocamos o poder da imaginação a serviço de nossas buscas, as quais, por seu turno, são definidas e ampliadas pela nossa imaginação.

Atribuição do Domínio da Vida à Mente

Para dar coerência e estrutura aos nossos esforços, edificamos um castelo de imagens, conceitos, metáforas, histórias e planos. Na esfera humana, entronizamos as habilidades mentais e confiamos-lhes o domínio de todos os aspectos da nossa vida.

Pensamos melhor quando sabemos onde estamos. Queremos saber "quem somos", "o que é real" e "por que estamos aqui". Ficamos obcecados por provar a nossa realidade e valor em face da dúvida, do desconhecido, da imprevisibilidade da mudança e da imensidão do universo. Premidos por essas preocupações, entramos na zona crepuscular da esfera humana. Queremos ter a nossa própria experiência para saber que somos aquela pessoa que experimenta. Apegamo-nos ao território da nossa experiência.

A Posse da Experiência

Nesse empenho de possuir a experiência, tentamos compreender e compartimentar tudo em conceitos. Somos qual caçadores na pista da presa da compreensão, a qual, uma vez devorada, satisfará a nossa fome de posse. Queremos dominar a nossa experiência, o nosso mundo, a nossa vida. Nós nos julgamos capazes de sujeitar as forças da natureza e o poder da existência por meio de pensamentos. Com as habilidades intelectuais, procuramos reduzir o desconhecido ao compreensível e o misterioso ao explicável.

Atribuição de Sentido

Dado o medo que temos da confusão, o nosso sentimento de bem-estar, nessa esfera, provém da compreensão. Evitamos não apenas a complexidade, como também qualquer coisa que pareça desconhecida ou incognoscível. Temos pouca tolerância para com o "não saber". De fato, nossa mente, em geral, procura gerar respostas ou soluções no intervalo de segundos, ao deparar uma questão ou problema.

Graças à compreensão, o mundo se torna menos amedrontador, mais maleável, até mesmo familiar. Compreender o sofrimento alivia a tensão da confusão e, de algum modo, satisfaz o desejo de conexão. A sensação de estar compreendendo — e não a compreensão *real* de estar compreendendo — faz-nos sentir mais seguros e proporciona uma autovalorização interior.

Quando estamos preocupados em compreender, queremos que tudo seja coerente. Erigimos um sistema coerente de conceitos e um sistema coerente de expressões para esses conceitos. Eles são coerentes porque fazem sentido para nós. Esse sentido deriva da constatação de que algo se encaixa — de que algo se encaixa naquilo que já conhecemos, pela nossa experiência, por ser consistente.

As primeiras experiências corpóreas constituem a base primária do nosso senso de adequação. Quando crianças, inicialmente desenvolvemos o senso espacial de nós mesmos. Estávamos ali, estava ali também tudo o que queríamos. Pegávamos coisas que estavam fora de nós e as colocávamos dentro de nós. Sabíamos que algo era real quando podíamos colocá-lo na boca e tentar comê-lo.

Somos máquinas devoradoras que usam o alimento para algo mais que crescimento e sobrevivência. Comemos para nos sentir bem, para satisfazer a tensão do desejo, para sentir a nossa própria realidade e para fazer com que as coisas situadas fora de nós se tornem parte de nós. Metaforicamente, nossa mente opera de modo parecido. Alimentamos a nossa identidade com informações e conceitos. Dessa forma, valorizamos a nossa realidade, aliviamos as tensões interiores por meio do reconhecimento e da compreensão, sentimo-nos bem graças a experiências captadas sob a forma de doces lembranças e tornamos o universo inteiro parte do nosso mundo interior. Dessa maneira, fruímos o sentimento de posse e de integração.

Escravização da Vida

Nossa paixão por devorar termina por energizar os esforços que fazemos para escravizar a vida à nossa vontade. Queremos escravizar tudo por intermédio dos conceitos, colocar o mundo sob o nosso controle e a serviço de nossos projetos. Escravizamos o espaço fazendo mapas geográficos; escravizamos o tempo escrevendo histórias e elaborando planos; escravizamos os sentimentos transformando-os em lembranças e problemas a serem solucionados; escravizamos os relacionamentos assumindo compromissos; escravizamos o pensamento criando a ciência;

escravizamos a ação excogitando estratégias, regras e leis; escravizamos a comunicação formando organizações; escravizamos a sobrevivência aplicando a economia e a política; e escravizamos a vida criando sistemas de compreensão.

Na esfera humana, achamos que a vida será perfeita quando a pudermos decifrar completa e nitidamente. Logo que as coisas forem bem compreendidas, nos tornaremos uma coisa só com essa perfeição.

A Preocupação com o Significado

Atribuímos maior importância às descrições da nossa experiência que à experiência em si. O significado é importante para nós. Definimos o significado das experiências para nos inteirarmos da sua extensão, especificar a sua natureza, colocá-las na nossa perspectiva e eliminar quaisquer dúvidas a respeito delas. Ao definir a experiência, acabamos com a confusão e a dúvida, fixando-nos no conceito específico da sua significação.

Utilizamos o significado para construir contextos. Nossos significados não só constroem um quadro de referência para nós mesmos como são uma tentativa de fazer o mesmo para outras pessoas. A maneira como pensamos forma as nossas preconcepções e estas determinam aquilo que vemos. A finalidade é tornar a vida mais maleável e evitar que sejamos massacrados pelos eventos e pelo caos dos fenômenos. Buscamos a compreensão como uma fortaleza contra a dor do não-entendimento e como uma arma para nos garantir no futuro. Queremos ser donos do nosso próprio destino, aptos a determinar a experiência e a criar o futuro.

Como declara Cássio no *Júlio César* de Shakespeare:

Às vezes, o homem subjuga os seus fados:
A falha, caro Bruto, não está nas nossas estrelas,
Mas em nós mesmos, os subjugados.

Nesse processo intelectual, "objetivamos" acontecimentos e processos para submetê-los às nossas manipulações mentais. Uma das bíblias dessa esfera é o dicionário. Ele nos presta informações abalizadas quanto ao significado das palavras. Na medida em que pensamos por meio das palavras, o dicionário nos ajuda a determinar o significado do nosso mundo interior. Entretanto, esses significados são explicados por outras palavras, as quais, por sua vez, são explicadas por outras, e assim por diante. O dicionário é um excelente exemplo da natureza relativa do nosso mundo de conceitos. Cada conceito é criado a partir de um conceito anterior ou com ele se relaciona. Trata-se de um sistema fechado, como o girar de uma roda em perpétuo movimento.

A Posse do Processo e do Tempo

Valemo-nos de conceitos até para transformar processos e atividades em posses. Nós os captamos por meio de metáforas e palavras. Fazemos uma nominalização — isto é, transformamos mentalmente processos e atividades em coisas. Realizamos uma alquimia superficial ao tratar um processo como uma coisa e ao usar a mágica das palavras e da gramática para tornar o inapreensível um objeto lingüístico, transformando verbos em substantivos. Ao objetivar processos, atribuímos-lhes propriedades que nos permitam captá-los, compreendê-los à luz da nossa experiência e avaliá-los.

Recorrendo à mágica da linguagem, conseguimos manter na nossa mente aquilo que não pode ser possuído. Por exemplo, transformamos o relacionar em relacionamento, o amar em amor, o realizar em realização, o sentir em sentimento, o pensar em pensamento. Desenvolvemos conceitos como "luta", "frustração", "ódio", "sofrimento", "mente", "satisfação", "iluminação" e "liberdade". Logo que nos vem um vago senso de reconhecimento interior ao empregar, ouvir ou ler essas palavras, pensamos que sabemos o que elas significam e que elas são reais. Isso também permite que usemos esses termos possessivamente em frases como "fazer amor", "fazer sexo" e "manter um relacionamento". Embora esse recurso de fazer referências e definir conceitos possa mostrar-se útil, às vezes aumenta a nossa confusão em lugar de criar condições para o esclarecimento.

Reduzimos o tempo a um objeto para controlar a mudança e adiar a morte. Já que "vida é posse", temos medo de que o "tempo modificador" nos roube a mocidade e a vida. Objetivando o tempo e segmentando-o em unidades manejáveis, esperamos assumir algum controle sobre ele. Elaboramos agendas e calendários para preencher o futuro com os acontecimentos da nossa vida. Esperamos ir a certos lugares e fazer determinadas coisas. Fazemos de nós mesmos uma constante na multiplicidade de encontros antecipados, como se isso fosse criar um simulacro de permanência. Achamos que, se pudermos planejar o futuro, inverteremos o fluxo do tempo. A morte, no entanto, não consta da nossa agenda.

Quando surgem os conflitos, os sofrimentos e as contrariedades, eles não se encaixam nos nossos planos. Tornamo-nos inquietos com a nossa confusão, em vez de atentarmos para o que está realmente acontecendo. Julgamo-nos com direito a explicações quando coisas ruins nos assoberbam. O mundo, porém, não se importa com o que pensamos: o mundo simplesmente é o que é. A impossibilidade de aceitar esse fato conduz à frustração e ao ressentimento, de sorte que recuamos para o nosso mundo de pensamentos e fantasias.

A Dissociação da Realidade

Quando passamos a olhar para nós mesmos de um ponto de vista mais distanciado, dissociamo-nos da nossa experiência imediata. Com isso, encaramos aquela parte de nós que age e sente como se fosse outra pessoa. Isso é bom para estabelecer uma pausa para reflexão, mas, como hábito, afasta-nos das nossas ações e experiências, fragmentando a nossa identidade mental e emocional.

Quando estamos dissociados, podemos agir de um modo que não nos agrada devido à frustração, à cólera e ao ressentimento. Por não acharmos que "nós" é que os estamos praticando, tornamo-nos capazes de atos que nos horrorizariam caso refletíssemos sobre eles. Em nossas mentes, nós não "tínhamos a intenção". É como se uma outra pessoa, dentro de nós, houvesse tomado as rédeas e agido desbragadamente, sem que pudéssemos detê-la.

Esse tipo de fragmentação ocorre freqüentemente em situações que envolvem algum tipo de abuso. Quando cometemos abusos, nós nos desligamos para não sofrer. Racionalizamos os desmandos cometidos qualificando-os de não-intencionais, provocados por álcool ou drogas ou como fruto de uma paixão incontrolável.

Quando alguém abusa de nós, interiorizamos os padrões de comportamento abusivo e não nos sentimos responsáveis. Então, abusando de nós mesmos, nos consideramos distanciados de nossas ações, fora de controle e vítimas de emoções, das drogas ou do álcool. Quando abusam de nós, a dissociação nos permite sentir que não merecemos semelhante tratamento, não importa o que nos tenham dito ou o que pensávamos na ocasião. Quando nos excedemos, a dissociação preserva o nosso senso de valor, pois sabemos que, no fundo, somos bons.

Podemos sustar esses padrões de vitimização e abuso somente se os examinarmos bem. Temos de reconhecer as feridas, a alienação, a fragmentação e o autoludíbrio que estão ocorrendo em nós e nos nossos relacionamentos.

Mitologia Pessoal

Examinando a situação da nossa vida, podemos aprofundar a nossa exploração contando a nossa própria história como uma mitologia pessoal. Como instrumento de reflexão e crescimento, este é um importante veículo para lançar luz sobre os nossos padrões habituais de pensamento, sentimento e comportamento. A investigação e o aprendizado devem abrir-se para a percepção da realidade, e todo o processo tem de ficar livre da busca de autovalorização.

Quando aferrados ao mundo da esfera humana, corremos o perigo de pôr o relato da nossa história a serviço da vaidade. Então, em vez de dissolver, glorificamos a nossa identidade cristalizada. Como heróis da esfera humana, elevamos ao nível da tragédia os esforços que fazemos para concretizar os nossos confusos ideais.

Se nos falta o modo apropriado de visualizar a mitologia, não logramos compreender que a verdadeira jornada do herói, a pretexto de ser a busca de um tesouro perdido, de um rei perdido ou de um amor perdido, é na verdade a descoberta da chave perdida para o domínio da vida autêntica. Todavia, a mentalidade da esfera humana confunde a intensidade de nossos desejos com autenticidade, o processo de solução dos problemas com uma jornada de crescimento, intenção com corporificação, novidade com aquilo que é essencial, o alívio e o conforto da compreensão com liberdade, e a consciência do conhecimento com a conquista da sabedoria.

Queremos provar o nosso valor e dar sentido ao nosso passado. Aferramo-nos ao passado descrevendo experiências e eventos para nós mesmos, de um modo que empreste significado aos nossos sentimentos atuais. Procuramos significado e explicação no tom comovente de nossas lembranças e nas reações alheias, em vez de entrarmos em contato com a experiência direta do momento.

Para tornar nossas histórias compreensíveis e palatáveis para nós mesmos, apagamos o que não apreciamos e ignoramos o que nos parece irrelevante. Distorcemos aquilo que não corresponde ao nosso conhecimento ou aos nossos desejos e exageramos tudo o que se nos afigura importante. Essas supressões, distorções e exageros ocorrem principalmente no inconsciente e encaixam tudo em molduras preexistentes de significado. Chegamos a suprimir a alegria quando ela não condiz com a nossa compreensão.

A história da nossa vida é parte do nosso conhecimento do que é real, e nossas explicações acerca da realidade são sagradas para nós. Preferiríamos padecer dores físicas ao sofrimento mental derivado da confusão ou da certeza de que estamos errados. A valorização dos pontos de vista parece mais importante do que a autenticidade das nossas ações, do que a qualidade dos nossos relacionamentos e a natureza da nossa experiência imediata. Não podemos tolerar incongruências entre a vida e os construtos mentais. Criticamos outros pontos de vista, não raro desprezando-os como irrelevantes ou tolos.

A Busca da Integração e da Imortalidade

Nas fantasias em que nos damos por heróis, procuramos a entrada do reino da integração e da imortalidade. Imaginamo-nos a viver eternamente num mundo de validação, de conforto e de beleza. Entretanto, quando comparamos o nosso desempenho com os nossos ideais, sentimos uma perpétua insatisfação. Pensamos que, se ao menos conhecêssemos e compreendêssemos mais coisas, encontraríamos respostas para a vida e para a morte, como se elas fossem enigmas a resolver. Queremos descobrir o significado da existência, a finalidade da nossa vida e a chave da imortalidade.

Se acaso encontrarmos a fórmula certa, realizaremos nossos desejos. Na esfera humana das alucinações, vemo-nos limitados apenas pelas peias da imaginação, pela falta de vontade e de empenho e pelas informações que temos. Pode parecer-nos que a imaginação é a chave para tudo. Graças à informação, podemos orientar a nossa imaginação, dar propósito e significado à nossa vontade, sentir que estamos nos empenhando e saber como usar tudo isso com êxito e eficácia.

Uma vez que processamos a informação com o pensamento, reduzimos tudo a pensamentos: pensamentos-imagens, pensamentos-sentimentos e pensamentos-palavras. Nada, por maior que seja a sua vastidão e complexidade, escapa à tentativa de compreensão por meio do pensamento. Nossos primeiros êxitos na tarefa de traduzir atividades e sentimentos vagos em conceitos inteligíveis levaram-nos a crer que tudo pode ser compreendido por meio do tempo, da inteligência e do esforço. Reduzimos tudo a conceitos e rótulos e, assim fazendo, supomos que curvamos o universo ao nosso nível de compreensão.

A Coerência e o Uso da Ciência

No mundo rarefeito dos pensamentos abstratos, achamos que a permanência está na coerência. As coisas que podem ser, abstrata e independentemente, valorizadas de acordo com alguma lógica irrefutável tornam-se verdades perenes. Desenvolvemos sistemas de linguagem abstrata e explicações a que chamamos de ciência, cada qual com a sua própria "lógica". Mesmo o espiritual é visto dessa perspectiva, sob a forma de "teologia" — a "ciência das coisas divinas".

As instituições acadêmicas são palácios em que a abstração, a coerência e a informação reinam soberanas. Como acadêmicos, dedicamo-nos à categorização, à posse, à manipulação e à disseminação de informações e conceitos. Embora possamos empreender pesquisas importantes e difundir ensinamentos proveitosos, as esperanças, medos e desejos da esfera humana contam com mais apoio do que o nosso crescimento e a nossa autenticidade. Somos encorajados a devotar nosso tempo, nossas energias e nossos recursos mentais à minuciosa investigação dos detalhes de fenômenos e conceitos. Esses esforços, em geral, têm pouquíssima relevância para a vida cotidiana e diminuem o poder da nossa mente, que se concentra em preocupações menores.

As metodologias que empregamos na busca da verdade são bloqueadas pelos padrões de mensuração material, de validação e de verificação prática. Isso sufoca nossas explorações interiores e retira a descoberta e o aprendizado do âmbito da experiência íntima. Nossa capacidade de análise e crítica não é utilizada para nos conduzir em novas direções, mas para reforçar um tipo de pensamento conformista. Nossa segurança profissional depende da aceitação de conceitos consagrados no nosso campo de especialização, essa pequena arena, cujo conhecimento e posse podemos reivindicar.

Quando nos identificamos com os nossos esforços nesse campo de pesquisas cada vez menor, parece que adquirimos crescente controle sobre a nossa especialidade e, portanto, sobre o mundo. Na verdade, o nosso mundo encolheu e o desconhecido pode parecer ainda mais amedrontador. Os critérios materiais usados nas comunidades científicas e acadêmicas para análise, verificação e explicação são prejudiciais sobretudo quando aplicados a outros domínios, como o estético e o espiritual. Se tentamos examinar os afrescos de Michelangelo na Capela Sistina com microscópio e compasso, concluímos, sim, que foram feitos de pigmentos diversos e de materiais de construção com tais e tais estruturas atômicas. Mas perdemos o essencial e ficamos cegos à beleza da Capela, ao seu significado e mensagem. Se examinamos a vida unicamente em termo de química, de impulsos eletrônicos e de sistemas de energia física ou de troca de informação, ignoramos os fatores não-materiais que sustentam a vida e fazem de nós o que somos.

Relacionamentos Baseados em Idéias Preconcebidas

O mundo acadêmico não é o único lugar em que se valorizam as explicações e as convenções. Quando valorizamos de igual modo a compreensão, atribuímos enorme significado às explicações nas nossas interações com os outros. Queremos ser compreendidos por eles e dotá-los de descrições complicadas de nossos comportamentos para obter sua aceitação e apoio.

Quando nos relacionamos a partir da postura do coração própria da esfera humana, que consiste em tentar controlar a vida por meio de conceitos e de sua compreensão, interagimos com os outros através dos filtros daquilo que pensamos saber sobre eles e das nossas expectativas quanto ao comportamento deles. No entanto, nós não sabemos realmente quem são eles no momento presente. Nossos conceitos influenciam o que ouvimos, a maneira como reagimos e aquilo que dizemos. Temos até conceitos sobre o "relacionamento", que o definem em nossa mente.

Além disso, tentamos planejar e controlar nossos relacionamentos e, conseqüentemente, a realidade social de acordo com convenções. Utilizamos as normas culturais (convenções informais) para orientar nossas idéias a respeito da realidade, do comportamento e das conseqüências, bem como para lavrar contratos e leis que assegurem o mútuo entendimento. Isso nos possibilita estabelecer uma ordem social e mobilizar os esforços necessários para satisfazer as necessidades coletivas e individuais. O perigo surge quando imaginamos que essas convenções contêm verdades intrínsecas, imunes à dúvida e ao exame.

Quando Desempenhamos Diferentes Papéis

Desenvolvemos grande flexibilidade mental nessa esfera. Imaginação, interesses e conceitos arrastam-nos em várias direções, através de todas as outras esferas e em inúmeras circunstâncias, reais ou imaginárias. Mentalmente, tentamos adentrar o mundo das outras pessoas e nos identificar com elas, para saber como seria estar na pele dessas pessoas. Com freqüência é assim que sentimos a realidade dos outros.

Entretanto, quando estamos preocupados com o nosso medo e com o nosso desejo de controle, reduzimos o que aprendemos a informações capazes de nos ajudar a decidir que papel devemos representar. À medida que vamos de um lado para outro, que passamos de uma pessoa a outra, que trocamos um objetivo por outro, passamos a adotar personalidades diferentes — e acabamos mais ligados aos papéis do que àquilo que de fato somos.

> O mundo inteiro é um palco,
> Homens e mulheres não passam de atores
> Que têm suas entradas e saídas.
> Na vida, cada pessoa, representa vários papéis.
>
> Shakespeare, *As You Like It*

O que Queremos?

Como seres humanos, pensamos no sofrimento e nos prazeres, tudo fazendo para evitar o primeiro e garantir os segundos. Estamos constantemente comparando e escolhendo para alcançar exatamente o que queremos. Acreditamos que, se formos suficientemente precisos, obteremos a verdadeira satisfação.

Nessa esfera, preocupamo-nos não apenas com o que nos é "necessário", como fazem os *pretas*, mas também com o que desejamos. Nossa busca tem origem na ânsia de possuir a vida como um meio para nos sentirmos reais, e não só como um modo de preencher nosso vazio interior. Sobrevivência e justiça não bastam: labutar, planejar e realizar sonhos, eis as atividades que dão significado e propósito à existência.

Procuramos desenvolver uma identidade baseada nos nossos sonhos e no tipo de vida que escolhemos. Como a identidade se aprimora com o tempo, ficamos mais exigentes, ambicionando apenas as coisas que combinam com o nosso estilo, com a auto-imagem que cultivamos. Buscamos modelos para saber como agir, como sentir e pensar do mesmo modo que eles, e, assim, ser seus iguais.

Queremos ser semelhantes aos nossos ideais. Insuflamos um conflito entre o que queremos ser e o que de fato somos. Dessa forma, os ideais conceituais transformam-se em guias para a ação, para a elaboração de projetos de vida e para o comportamento cotidiano.

Relacionando-nos com conceitos que não existem, acabamos por não nos relacionar com a vida. Implantamos conceitos, imagens, explicações, fantasias e estratégias entre nós e a experiência direta. Depois, quando isso tudo se nos torna caro, vemo-nos arrastados para as outras esferas e ali nos mantemos cativos das nossas preocupações, sentimentos e dos hábitos a eles associados.

À Procura de Novos Interesses e a Fuga ao Tédio

De todas as esferas, a humana é a mais envolvida com a fascinação. Vivemos encantados (fascinação também significa "encantamento") com as nossas imagens e ideais, com o nosso conhecimento, com os nossos conceitos, com os nossos interesses. Quando não alcançamos ainda a compreensão e não fomos subjugados pela confusão, vivemos num estado de "interesse". Quando sentimos interesse por alguma coisa, selecionamo-la como tema de exploração e objeto de compreensão em potencial, ou seja, como se ela nos pertencesse. O interesse fornece um guia para a atenção e o estímulo. A falta de interesse, ou tédio, é extremamente desagradável e precisa ser evitada.

157

Para evitar o tédio, estamos sempre à cata de novas possibilidades, de novas situações e de novas maneiras de melhorar as coisas. A insatisfação freqüentemente falseia e diminui a alegria. Ela mascara a experiência atual com as ambições que temos para o futuro. O presente não é mais que um passo rumo à consecução de um futuro melhor.

A Busca da Plenitude por meio da Fragmentação

Um dos paradoxos da esfera humana é que tentamos nos integrar, fazer "parte da vida", afastando-a metodicamente de nós. Queremos ganhar experiência por meio da explicação analítica, que a secciona e a reduz a seus componentes. Ora, agir dessa forma nos fragmenta e aliena da experiência. Na tentativa mental de apreender a experiência, só o que nos resta são reflexões e reconstruções, que não são as experiências em si. Isso acaba nos isolando do que se passa no momento presente e impedindo-nos de sermos autênticos.

Com outro comportamento autodestrutivo, impomos condições à nossa integridade, adiando os nossos impulsos para agir virtuosamente: "Quando tiver muito dinheiro, serei generoso"; "Quando encontrar alguém que eu ame e que me ame, serei bom e carinhoso"; "Se eu tiver a certeza de que serei bem-aceito, correrei o risco de ter um relacionamento íntimo". Todas essas são formas de condições conceituais em que sujeitamos as ações virtuosas a eventualidades. Cada uma dessas condições é resultado de alguma insegurança ou vaidade que, a nosso ver, tem de ser superada antes que possamos nos permitir um comportamento honesto e compatível com o nosso eu mais profundo. Isso aumenta ainda mais a alienação interior e a fragmentação.

A Cegueira do Orgulho

Encontramos dificuldade em perceber como isso ocorre porque estamos também cegos de orgulho. A sagacidade é o orgulho dessa esfera. Admiramos a nossa capacidade de analisar meticulosamente as situações, de elaborar planos e estratégias, de atinar com o significado das coisas.

Achamos que vencemos o sistema, congratulando-nos como alguém que sai exibindo as fotografias de suas férias para mostrar o quanto se divertiu. Usamos a sagacidade para tentar evitar os ciclos da vida, as estações, as etapas de crescimento. Tentamos manter o astral elevado por meio de manipulações mentais e fantasias, contornar o mal-estar físico por intermédio de ambientes fabricados e de analgésicos, retardar o envelhecimento recorrendo a elixires e a cirurgias, e negar a morte institucionalizando o morrer. Exibimos nossos conhecimentos e feitos como medalhas ganhas por termos penetrado os segredos da vida e superado os seus obstáculos.

Falsos Filósofos

Na nossa busca espiritual, procuramos a verdade recorrendo à compreensão conceitual. Quais filósofos escrupulosos tentando esmiuçar a natureza da realidade, criamos complicados sistemas de análise e prova dialética para atingir um patamar de certeza onde possamos nos sentir livres de toda dúvida. Fugindo à incapacidade de encontrar significado na vida diária, tecemos emaranhadas histórias de sofrimento, de luta e transformação. Ansiamos por remover dúvidas por meio de imagens e idéias que parecem boas e corretas. Em vez de indagar a respeito do que não conhecemos e não pode ser conhecido, apegamo-nos ao que sabemos e queremos que os outros nos tenham por sábios. Hesitamos em encontrar a verdade na experiência direta, temendo ser desapontados por nós mesmos e pelos outros. Cremos que a consciência está no cérebro, excluindo a possibilidade de que esteja no *chakra* do coração ou, mesmo, no corpo todo. Apreciamos a singeleza dos aforismos, evitando o trabalho exigido para a autêntica corporificação das virtudes espirituais.

A Entrada em Outras Esferas

Conforme assinala Chogyam Trungpa, às vezes tantas coisas se agitam na nossa cabeça, em virtude das informações que coletamos e dos planos que fizemos, que acabamos "engarrafados no tráfego congestionado dos pensamentos discursivos". Todos os planos, todos os esforços, toda a sagacidade nos tornam vulneráveis às outras esferas. Se de vez em quando somos bem-sucedidos, podemos nos tornar deuses. Se chegamos perto do êxito onde outros parecem ter vencido, podemos penetrar na esfera titânica. Se nos sentimos carentes e frustrados, juntamo-nos aos *pretas*. Se, deprimidos, nos consideramos vítimas, caímos no inferno. E, se vislumbramos ameaças aos nossos esforços, protegemos o nosso território de compreensão e projetos como os habitantes da esfera animal.

Como os deuses, podemos mergulhar no desespero e no inferno da desilusão. Na esfera humana, somos levados a isso pelos nossos fracassos e inseguranças. Talvez nos sintamos como Macbeth ao constatar que todos os seus planos de se tornar rei foram por água abaixo:

> Vai, vai, chama passageira!
> A vida não passa de uma sombra errante, de um pobre ator
> Que se pavoneia agitado em sua hora no palco
> E depois emudece; é um conto
> Narrado por um idiota, cheio de som e fúria,
> Sem significado algum.

Shakespeare, Macbeth

Macbeth exprime o medo mais profundo da esfera humana: o medo de que os nossos esforços não levem a nada.

O desejo de ter significado e de compreender não é minado apenas pelos acontecimentos, mas também pela dúvida. Quando duvidamos do nosso valor, a confiança é destruída e a nossa auto-estima diminui. Entretanto, a dúvida também pode ser utilizada como instrumento para fazer uma pausa nas rotinas da esfera.

Pausa e Reflexão

A capacidade de fazer uma pausa e refletir é a chave para a interrupção dos padrões de pensamento habituais em todas as esferas. Ela cria um espaço no qual podemos contemplar e questionar aquilo que estamos fazendo e os modos pelos quais geramos sofrimento. Essa pausa também permite que respiremos um pouco em meio à "azáfama" de afirmar a nossa identidade e a necessidade urgente de nossas buscas. Refletir sobre "o que é" inicia o processo de exame e exploração. Gradualmente, vamos arrancando as "cascas" dos conceitos e construtos que obscurecem a nossa natureza básica e entravam a nossa existência.

A mente é um instrumento fundamental para a caminhada espiritual, e a esfera humana conduz mais prontamente para esse caminho devido à sua tendência para duvidar e fazer pausas. A mente é o meio para desenvolver a meditação, sendo esta um processo para trabalhar qualquer estrutura mental que se possa experimentar.

A Quebra dos Hábitos e o Crescimento Orientado

Embora a compreensão intelectual não seja o objetivo do trabalho espiritual, ela nos dota da capacidade de mudar pontos de vista, aprender novas abordagens e, com o tempo, orientar os nossos esforços. Na esfera humana, abrimos as comportas da percepção e investigamos a realidade para saber exatamente onde estamos e o que está acontecendo. Podemos tornar esse processo uma parte dinâmica do desenvolvimento espiritual, paralelamente ao nosso desejo e interesse pela nossa liberdade e crescimento e de todos os outros seres.

Quando mudamos de perspectiva, aprimoramos o nosso senso de humor. Cada esfera tem a sua própria maneira de fazer com que nos levemos a sério. Na humana, tratamos com solenidade a nossa compreensão e os nossos conceitos, sobretudo os que dizem respeito à espiritualidade. O senso de humor faz com que observemos qualquer atividade, situação ou fixação de um ponto de vista mais amplo, graças ao qual possamos reparar na ironia e na hilariedade de nossos esforços. Não quer isso dizer que devamos transformar tudo em brincadeira, pois isso faria do humor uma regra intransigente e lhe tiraria a graça. O que se sugere, ao contrário, é que tratemos cada situação com certa leveza, alegria, abertura e flexibilidade.

Chogyam Trungpa fala-nos de um monge que resolveu morar numa caverna e meditar o tempo todo:

> Antes disso, ele pensava constantemente na dor e no sofrimento. Seu nome era Ngonagpa de Langru, o Face Negra de Langru, assim apelidado porque jamais ria e a tudo considerava do ponto de vista da dor. Viveu retirado

durante anos, muito solene, muito honesto, até que um dia reparou, sobre o altar, numa grande lâmpada de turquesa que alguém lhe havia trazido de presente. Enquanto a admirava, um rato apareceu e tentou arrastar a peça. Não conseguindo o que queria, o rato voltou à sua toca para chamar um companheiro. Os dois ratos tentaram, juntos, arrastar a grande lâmpada, mas em vão. Então chamaram mais oito companheiros, que chegaram e conseguiram levar a lâmpada para a toca. Então, pela primeira vez, Ngonapga de Langru pôs-se a rir. Foi a sua iniciação na abertura, um raio súbito de iluminação.

Experiência Direta

Quando fazemos uso da pausa, do senso de humor e da pesquisa para desenvolver a abertura, nos soltamos das amarras do pensamento e apenas vivemos o momento. Mantemo-nos presentes com essa experiência direta, o que desenvolve a nossa *presença*, sem as distorções dos nossos conceitos e auto-imagens. Na esfera humana, buscamos afirmar e garantir a nossa esperada presença através do tempo — e continuamos a nos mostrar. Com medo de que forças além do nosso controle ameacem a perpetuidade da nossa presença, tentamos captar a experiência e preservá-la congelando-a em conceitos e lembranças. O apego a esses construtos mentais afasta-nos da experiência direta de cada momento.

Permanecer atentos ao que acontece neste instante — inclusive em nós mesmos —, sem a necessidade de mudá-lo, é a presença que acolhe a experiência direta. Quando vemos um bebê, experimentamos essa presença tanto nele quanto em nós, pois o bebê se acha por inteiro no instante. Da mesma forma, quando ouvimos atentamente, mas sem essa intenção, o campo sonoro que nos atinge no momento (não tentando, porém, identificar os vários sons que o compõem), estamos praticando a atenção para o instante.

O Ato de Presenciar

Quando reivindicamos nossa capacidade natural para estar atentos, experimentamos diretamente cada momento. Percebemos que não apenas estamos presentes, mas *presenciamos* cada instante. Esse ato de *presen-*

ciar é a Essência que se expressa por nosso intermédio e por intermédio de tudo o mais, momento a momento. Quando nos deixamos ser apenas o que somos e experimentamos esse ato de *presenciar*, um novo tipo de compreensão se abre para nós, proveniente antes da percepção que do pensamento. Sentimos a tranqüilidade que procurávamos na esfera humana, quando, enganosamente, tentávamos nos apoderar da experiência. Sobrevém-nos um sentimento de integração, não a uma coisa, lugar ou grupo, mas, pura e simplesmente, à vida.

> As névoas rodopiam e dançam
> Ao longo e em torno
> Da tépida água cristalina.
> Bolhas se rompem à superfície
> Quando encontram o céu,
> Espalhando círculos até os confins do universo.
> O sol brilha, a brisa sopra, os rios cantam,
> E nisso tudo repousa o coração
> Que reencontrou seu primitivo lar.

Martin Lowenthal

A Sabedoria da Igualdade

Desenvolvemos a sabedoria da igualdade quando apreciamos o valor único de cada um de nós, pelo que somos e oferecemos. Valorizamos as coisas na sua singularidade, sabedores de que tudo é igual no seu vazio inerente e de que cada coisa constitui uma expressão relativa da Essência, de uma maneira sem paralelo. Cada momento, cada atividade, cada pessoa devem ser tratados como preciosos em si. Compreendemos que cada coisa é boa por ser ela própria, simplesmente porque é.

Quando valorizamos tudo desse modo, agimos com entusiasmo e dedicação. Gostamos do que fazemos. Estamos presentes por inteiro. Absortos, experimentamos o tempo de forma direta, como fluxo e como energia vital. Só o fazer existe. Não existem comentários, nem críticas, nem divagações mentais — apenas a presença no fazer. Reconhecemos que cada momento é esse ato de testemunhar essa percepção.

A Generosidade da Presença

Expressamos nossa generosidade natural oferecendo totalmente a nossa presença a cada pessoa, a cada situação. Nossa presença irradia compaixão para todos. Manifestamos as três jóias, da contribuição, da participação e do objetivo, tornando-as acessíveis aos outros por meio do nosso exemplo e, também, por montarmos o palco para que essas jóias se apresentem.

Por meio da serenidade da nossa presença, tratamos a todos como se fossem nossos filhos, transmitindo-lhes os vários aspectos da sabedoria. Identificamo-nos com eles não por intermédio da mente ilusória, mas da mente sábia. Percebemos tanto o sofrimento quanto a sabedoria, tanto a dor quanto as origens da dor, tanto o fardo dos hábitos quanto o alívio da liberdade. Admiramos a radiância dos outros, apreciando-os e encorajando-os a serem o que são naturalmente. Eis o que é o amor, livre de apegos e condições.

Dessa maneira, afastamo-nos do nosso mundo que gira em torno de nós mesmos e estendemos a compaixão a todos os seres. De nossos corações, o amor e a compaixão se irradiam como a luz do sol, que brilha sobre todos igualmente, sem exceção. Essa radiância não faz julgamentos a respeito do que as pessoas são. Compreendemos a natureza que todos nós compartilhamos e a Essência da qual todos viemos, da qual nos alimentamos e para a qual todos retornaremos.

Meditação da Mente Lúcida

As três meditações aqui propostas destinam-se a pô-lo em contato com o espaço graças a uma consciência que exclui qualquer pensamento. A primeira, usada pelo mestre Zen Seung Sahn, requer que nos concentremos, repetindo mentalmente estas duas frases: "mente lúcida", ao inspirar, e "não sei", ao expirar. Comece, como nas outras meditações, fixando a atenção nas palmas das mãos ou no ato de respirar, relaxando o corpo e a mente até se sentir tranqüilo e alerta. Se quiser, espalhe o sorriso interior por todo o corpo. Firme no seu propósito e desejo de tornar-se livre pela meditação, reflita nos benefícios que, desse processo, advirão para você e para os outros.

Repita as frases "mente lúcida" e "não sei" para você mesmo, a cada inspiração e expiração. Se surgirem pensamentos, observe-os. À medida que forem brotando na sua mente pensamentos referentes ao significado das duas frases, observe-os e nada mais. Em vez de se concentrar no centro da cabeça, você poderá focalizar a atenção no centro do coração, e não na cabeça, e sentir a consciência verificadora desse centro. Se observar os pensamentos com o devido cuidado, aprenderá a experimentá-los diretamente enquanto forem surgindo e a entrar em contato com a energia contida em cada um deles.

Quando estiver suficientemente alerta e atento, você tomará consciência do espaço que existe entre cada pensamento individualmente considerado e entre o ato de inspirar e expirar (segurar o fôlego não conta). Isso não é tão simples porque os pensamentos se sucedem com rapidez. Entretanto, se conseguirmos entrar no ritmo, notaremos um "lapso" ou "espaço" entre eles. Esse espaço apresenta a qualidade da abertura e da presença.

Ajikan

A segunda meditação emprega o som AH. Trata-se de um exercício adaptado de uma prática dzogchen tibetana e da prática tântrica japonesa do Ajikan. AH é considerado o som original do universo, do qual todos os outros sons, palavras e línguas derivam. Sua vibração a tudo permeia. O som emitido quando a boca se abre pela primeira vez é AH.

O exercício consiste em repetir quatro vezes, em voz alta, o som AH; e ouvir em silêncio, no que seria o quinto tempo, o AH do universo. Cada repetição deve ser feita de acordo com o ritmo da respiração, pronunciando-se a sílaba ao expirar. Cada vez que o fizer, visualize uma brilhante e envolvente esfera de luz.

Enquanto pronuncia a sílaba AH pela primeira vez, sinta o som e visualize a brilhante esfera de luz expandindo-se de um ponto infinitesimal localizado no centro do coração até preencher toda a cavidade torácica.

Sempre atento às sensações, pronuncie o segundo AH expandindo a esfera luminosa até que ela preencha o espaço ao redor do seu corpo (um pouco mais que o comprimento do braço).

A seguir, pronuncie o terceiro AH expandindo a esfera luminosa até fazê-la englobar o universo inteiro, até onde puder imaginar.

Continue atento às sensações e pronuncie o quarto AH imaginando que a radiante esfera de luz prossegue se dilatando pelo desconhecido que transcende a sua imaginação.

Por fim, ouça com todo o seu ser o espaço do espaço e a vibração da qual provêm todos os sons.

Isso pode ser repetido quantas vezes você quiser. Encerre a meditação dedicando a energia positiva que você gerou à liberdade e à felicidade de todos os seres.

Uma Presença Bem-vinda

A terceira meditação assemelha-se à primeira deste capítulo. A diferença está no fato de que, nesta, em vez de usar as frases citadas, você terá de repetir a palavra "bem-vinda" durante a inspiração e a palavra "presença" durante a expiração. Se estiver tranqüilo o bastante, conseguirá coordenar as duas expressões com o ritmo das batidas do coração. Ao fazer isso, sinta-se no momento presente e perceba o mistério da sua presença.

Quando abrimos o coração e nos livramos da tirania dos conceitos, sentimos dissolver-se as fronteiras do nosso mundo contraído. Passamos a sentir com todo o nosso ser e não apenas com a cabeça. Tudo nos parece mais imediato e mais rico, vemo-nos plenamente engajados nas nossas atividades. Uma vez que a nossa presença independe de quaisquer condições, as outras pessoas parecem mais estáveis sendo o que são. Então, a amável reciprocidade do ato de nos presenciarmos uns aos outros revela a comunhão que se oculta por trás das idéias de separação e da sensação de isolamento.

PARTE III

A Prática da Compaixão e os Frutos da Liberdade

10

Meditar para Encarnar a Compaixão

De nada vale sair a pregar se o próprio sair não for a pregação.

São Francisco de Assis

Tomo aos ombros o fardo de todos os sofrimentos.
Estou decidido a suportá-lo
E não voltarei atrás.
Não fugirei, nem tremerei.
Não cederei, nem hesitarei.
Por quê? Porque a libertação de todos os seres
É a minha missão.

Shantideva

A compaixão provém do instinto de ajudar o próximo. Considerar a vida com compaixão leva à sabedoria e esta, por sua vez, faz com que a compaixão se desenvolva. Entender a natureza do sofrimento e o modo como ele surge livra a dinâmica da existência das preocupações da nossa esfera. Adquirimos a sabedoria de aceitar nossas limitações e fazer o que podemos, sem atentar para o que não podemos.

O que importa é a nossa atitude compassiva. De nada vale pensar que podemos realmente eliminar a dor alheia enquanto a nossa própria mente está perturbada. Nosso objetivo é continuar trabalhando no desenvolvimento da sabedoria da lucidez, ao mesmo tempo que cultivamos a tentativa compassiva de aliviar o sofrimento dos outros. Por fim, desejamos encarnar a compaixão como uma maneira ativa de nos relacionarmos com o próximo, mantendo como postura do coração a decisão de ser uma presença benéfica.

Entrando em contato espiritual com Avalokiteshvara, encarnação da compaixão, despertamos e desenvolvemos o nosso próprio potencial de compaixão. Estabelecemos esse relacionamento espiritual praticando uma antiga e vigorosa meditação em que nos visualizamos como o Grande Compassivo, contemplamos a dinâmica e a sabedoria subjacentes às esferas e recitamos o mantra de Avalokiteshvara.

Esse mantra, *OM MANI PADME HUM*, expressa a energia da compaixão que existe em todos nós. Repetindo esse mantra, concentramos a mente nas qualidades de vitalidade, da sabedoria e da compaixão, associadas à figura de Avalokiteshvara. Os mantras, que são uma série de sílabas, também correspondem a determinadas vibrações sutis dentro de nós. Sua eficácia é comprovada ao pronunciar o seu som em voz alta ou baixa.

Por meio desse mantra, ativamos energias interiores e despertamos as qualidades de lucidez e sabedoria a ele associadas. Podemos dizer mantras tanto durante a meditação quanto em meio aos nossos afazeres diários. Se nos concentrarmos no mantra da compaixão, nossa mente permanecerá alerta e ativa, em vez de se sentir cansada e perturbada.

Quando trabalhamos num nível mais profundo, descobrimos que Avalokiteshvara é compaixão e, portanto, se encontra disponível dentro de todos nós. Precisamos apenas evocá-lo. Por meio dessa prática, nos identificamos com o Grande Compassivo. Usamos as sílabas do mantra para penetrar nas seis esferas do sofrimento e imaginamos uma radiância ilimitada brilhando no chakra do coração e iluminando todos os seres presos ao mundo da dor. Dessa forma, estendemos a prática a cada âmbito da vida, ultrapassando as preocupações e integrando nossa obra espiritual ao mundo em que vivemos.

Radiância para os Mundos da Dor

Comece dirigindo sua atenção para o desejo de beneficiar todos os seres e faça uma prece como a que se segue:

Votos para o Despertar

Possa eu atingir o mais rapidamente possível a transcendência libertadora que desperta a mais elevada expressão da Essência e irradia uma presença benéfica para todos.
Embora os modos de despertar sejam inumeráveis, possa eu dominar a todos.
Embora as sementes que dão origem ao sofrimento sejam infinitas, possa eu a todas envolver na presença radiante.
Embora os seres estejam além da conta e da imaginação, possa eu conseguir a todos libertar.

A seguir, fixe a atenção nas palmas das mãos ou na respiração, deixando que a mente e o corpo sigam o processo até você se sentir descontraído e alerta. Espalhe o sorriso interior por todo o seu corpo. Sempre em contato com o seu propósito e com o desejo de tornar-se livre por meio da meditação, sinta os benefícios que esse processo traz a você e a todos.

Imagine-se como Avalokiteshvara, manifestação da compaixão pura e inesgotável do amor e da sabedoria. Seu corpo é radiante, composto de luz branca e transparente. Sua face sorridente irradia paz e afeto. Você tem mil braços, com um olho na palma de cada mão. Graças às suas nove cabeças, pode ver em todas as direções.

No chakra do coração, imagine uma roda dividida em seis partes e contendo um cristal luminoso no centro. Cada parte, de uma cor radiante, representa as qualidades de dinâmica e sabedoria de uma esfera diferente e corresponde a uma das sílabas do mantra. No centro frontal, acha-se a dinâmica do maravilhamento, bem como a sabedoria da gratidão e da Essência. Sua cor é branca e corresponde à sílaba OM. A seção direita frontal é a dinâmica da harmonia e a sabedoria das habilidades; sua cor é o verde-esmeralda e corresponde à sílaba MA. A seção esquerda frontal é a dinâmica da experiência direta e da presença, como também a sabedoria da igualdade. É amarelo-brilhante e corresponde à sílaba NI. A seção esquerda posterior é a dinâmica do relacionamento e a sabedora da amplitude. Sua cor é azul e corresponde à sílaba PA. A seção direita posterior, vermelho-rubi, é a dinâmica da geração de valor e a sabedoria da radiância e da generosidade; corresponde à sílaba DME. A seção central posterior é a dinâmica do fluxo, a igualdade da paciência e a sabedoria especular do vazio; sua cor é índigo ou púrpura, e corresponde à sílaba HUM.

173

Todo o espaço à sua volta, até mesmo além do horizonte, está repleto de seres. Pense no sofrimento deles. Comece por considerar sofrimento da esfera dos deuses e, ao inspirar, emita esse sofrimento, como uma cor branco-fosca, para a seção frontal do *chakra* do coração e para o cristal encastoado bem no centro dele. Segure o fôlego e sinta o sofrimento dissolvendo-se na sua energia dinâmica mais elementar, Em seguida, ao expirar, pronuncie a sílaba OM e irradie a dinâmica do maravilhamento, a sabedoria da gratidão e a cor branca para os seus pais, entes queridos, enfim, para todas as pessoas que conhece e para todos os seres sem exceção.

Repita o processo com cada uma das outras cinco dinâmicas e suas esferas correspondentes.

Esfera	Cor	Seç. do Coração	Sílaba	Dinâmica	Cor
deuses	branco-fosco	centro frontal	*OM*	maravilhamento	branca
titânica	vermelho-crestado	direita frontal	*MA*	harmonia	verde
humana	azul-fosco	esquerda frontal	*NI*	experiência direta	amarela
animal	verde-fosco	esquerda posterior	*PA*	relacionamento	azul
preta	amarelo-fosco	direita posterior	*DME*	geração de valor	vermelha
inferno	cinza	centro posterior	*HUM*	fluxo, paciência	índigo

Lembre-se de que o sofrimento, a infelicidade e a dor são experiências mentais transitórias que brotam da incompreensão e da falta de lucidez. Assim, ao abrir o coração e ao irradiar as qualidades, sinta como seria maravilhoso se todos fossem livres.

Em silêncio, irradie a luz do cristal da Essência e pronuncie a sílaba *HRI* durante a pausa do final do mantra. Depois de completar lentamente esse ciclo uma vez, repita o mantra e irradie a luz de cada parte do chakra do coração, da mesma forma que fez anteriormente quantas vezes quiser. A série completa de repetições perfaz em geral um total de 108.

Você obterá mais êxito com essa meditação se permanecer descontraído e à vontade, sentindo cada célula do corpo irradiar a ener-

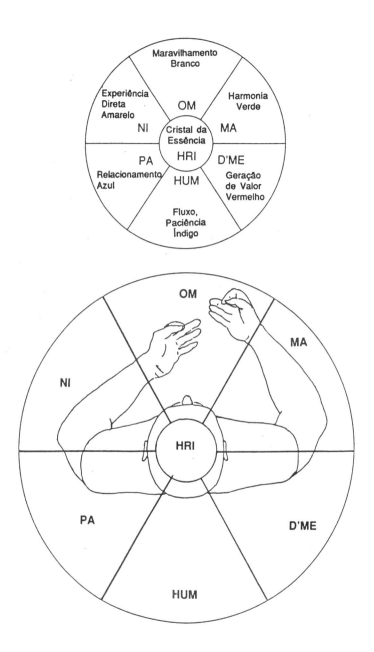

gia da compaixão. Diz-se que uma única recitação do mantra, com plena consciência, pode resultar na iluminação e vale por mil repetições feitas mecanicamente.

Depois de completar a recitação e a visualização, relaxe e permaneça assim. Finalmente, dedique a energia haurida da meditação à liberdade e felicidade de todos os seres vivos, valendo-se para tanto dos "Quatro Pensamentos Incomensuráveis".

Possam todos os seres encontrar a felicidade e aquilo que gera a felicidade.

Possam todos os seres ficar livres do sofrimento e daquilo que produz o sofrimento.

Possam todos os seres mergulhar na alegria natural que transcende o sofrimento.

Possam todos os seres repousar na serenidade, livres da ignorância, da cupidez e da disputa, que constituem a tirania do gostar e do nãogostar.

11

O Despertar para a Alegria de Viver e a Compreensão da Liberdade

O século que viu nascer Kafka tem sido marcado pela idéia do "modernismo": uma consciência de si próprio inédita ao longo dos séculos: a consciência de ser novo. Kafka epitomiza um dos aspectos do moderno quadro mental: uma sensação de ansiedade e vergonha cujo centro não pode ser localizado e nem, por isso mesmo, aplacado; um sentimento de infinita dificuldade nas coisas, a entravar todos os passos; uma sensibilidade aguda e sem proveito, como se o sistema nervoso, arrancado ao antigo esconderijo da tradição social e da crença religiosa, passasse a registrar cada toque como dor.

John Updike

Creio que em cada nível da sociedade — familiar, tribal, nacional e internacional — a chave para um mundo mais feliz e bem-sucedido seja o crescimento da compaixão. Não precisamos nos tornar religiosos, nem seguir uma ideologia. A única coisa necessária, para cada um de nós, é desenvolver nossas boas qualidades humanas. Tento tratar qualquer pessoa como um amigo de velha data, o que me faz genuinamente feliz. Essa é a prática da compaixão.

Tenzin Gyatso, décimo quarto Dalai Lama

Nas culturas materialistas contemporâneas, nossa incerteza em face da intimidade e da dor nos torna particularmente vulneráveis ao medo, aos desejos e à ignorância, geradores do sofrimento. Embora nossas atitudes culturais em relação à dor possam ter evoluído, a natureza do sofrimento e a sua posição central na condição humana não se alteraram. O sofrimento é parte do processo de crescimento e a sua transcendência depende de prosseguirmos nesse crescimento. Nosso objetivo enquanto seres humanos e a natureza de toda realidade conduzem a um despertar gradual quando nos abrimos para o nosso sentimento natural de existência e para a liberdade.

Conforme este livro sugeriu e a nossa própria experiência pode atestar, temos capacidade para romper com os padrões habituais da mente e do corpo, bem como para adquirir uma consciência que ultrapassa as necessidades da vida material e as limitações de nossas conclusões. À medida que a investigação das esferas nos traz familiaridade e informação, começam a revelar-se a nossa própria natureza básica e a natureza do universo.

Abertura para os Outros

Abrirmo-nos para os outros é um passo fundamental na busca do crescimento e da felicidade, como também do bem-estar da comunidade. Nossos padrões emocionais nascem e funcionam na dependência dos outros. Remover o processo de descoberta da alegria de viver para longe do contexto social de nossas vidas é o mesmo que apreciar a beleza da paisagem através de um buraco de fechadura. A idéia não é retirar-se do todo, mas entender o contexto do todo em nós mesmos.

Freqüentemente, é mais fácil ver a nós mesmos nos outros, do que quando estamos sós. Se trabalharmos apenas para nos livrar do sofrimento, é improvável que alcancemos semelhante autoconhecimento. Por outro lado, se nos empenhamos no alívio do sofrimento alheio, então o nosso próprio alívio vem à tona e o nosso mundo interior rompe o sistema fechado das inquietações pessoais.

O Cultivo do Deslumbramento através da Intimidade

Graças à proximidade e intimidade com outras pessoas, cultivamos a administração pela variedade de expressões da Essência e desenvolvemos a coragem para afrontar o desconhecido. A intimidade também gera a possibilidade de superar a ilusão de um eu separado, alienado e distante do outro. Quando cultivamos a intimidade com os outros, inclusive com os nossos inimigos, ficamos livres da tensão de estar alienados das manifestações do divino.

Expansão do Amor

Nossa capacidade de amar aumenta quando entramos em contato com o nosso próprio sofrimento e com o sofrimento alheio. Compreendemos a nossa interdependência, o nosso desejo comum de integração e relacionamento, a nossa natureza única. Quando despertamos para essa natureza, enxergamos as oportunidades de amor e liberdade que nos esperam a todos. Por meio da percepção da radiância, vemos e recebemos a radiância dos outros, não importa em que condições estejam, e lhes devolvemos a nossa própria.

Quando nos conscientizarmos do valor extremo da vida humana e observamos até que ponto nossa vida é amparada pelos outros, o amor e a gratidão aprofundam a experiência da integração. Acolhemos as oportunidades de compartilhar e, entusiasticamente, participamos e contribuímos expressando a nossa inescrutável compaixão.

O Desenvolvimento da Compaixão

A compaixão começa pela capacidade de refletir e de fazer uma pausa no nosso comportamento inconsciente, e também quando seguimos o instinto de ajudar os outros. Explorando as esferas de sofrimento, exploramos a natureza da nossa dor e da dor alheia. A capacidade de identificação com esses mundos permite que os penetremos. Descobrimos como as esferas são constituídas enquanto contextos de dor. Vemos como, em cada esfera, somos compelidos a provar algo a respeito de nós mesmos. À medida que aprofundamos essa investigação, despertamos a consciência que sempre esteve ali e em cujo seio todas as experiências acontecem.

Depois que compreendemos esse aspecto essencial do nosso ser, uma força insinuante de compaixão se irradia de nós. Essa compaixão é aberta, livre, ilimitada. Embora não a possamos descrever nem entender intelectualmente, podemos observá-la. Manifestamo-la na amplitude do nosso ser, na espontaneidade de nossas respostas, no nosso vigor, no valor que criamos, na nossa habilidade e harmonia de ação, na nossa admiração e na presença que, generosamente, ofertamos a todos.

Tudo Nasce na Consciência

A consciência não é algo que exista fora da nossa experiência; ela não chega nem mesmo a ser produto da nossa experiência. Compreendemos que não só o mundo da experiência é produto da consciência, como também toda a realidade. Essa consciência universal e transcendente só nos vem depois que exploramos e tomamos conhecimento da natureza básica da mente e do seu poder. O verdadeiro despertar, o verdadeiro reconhecimento dessa natureza chama-se "iluminação".

Consciência transcendente não significa uma consciência apartada do mundo material ou que o ultrapassa. O termo "transcendente" refere-se àquilo que está além de todos os conceitos, de todas as categorias de pensamento e de todas as noções de tempo, espaço e conhecimento.

O Cultivo da Consciência Transcendente

Graças ao uso correto da mente, transcendemos as inclinações conceituais fazendo uma pausa. Então, depois de escancarar as fronteiras dos territórios mentais, encetamos o processo de aprendizado e, por meio da nossa amplitude, incluímos o desconhecido na nossa consciência. Ao liberar os sentimentos de vitimização e cólera, desenvolvemos a paciência em relação às situações mutáveis da vida, observando o fluxo e compreendendo que a própria consciência é um *vir-a-ser*. Ao ultrapassar a nossa carência, instintivamente nos tornamos cônscios da radiância da vida e contribuímos para a radiância dos outros. Ademais, quando renunciamos à busca de poder e à competição para provar o nosso valor, surge a capacidade para agir de forma nova e harmoniosa. Conseguindo o sucesso, mas evitando as seduções do conforto e da presunção, despertamos para o sentimento de admiração, para o reconhecimento da mudança, do relacionamento, do vazio. Conquistamos também uma abertura mais profunda do coração, que advém da gratidão e do apreço. Estando autenticamente presentes, a nossa experiência é direta e o nosso entusiasmo natural se manifesta em todas as nossas ações.

A consciência é a única base da nossa experiência. Todos os aspectos da nossa vida acontecem no seio da consciência, com perfeita equanimidade. A experiência é a imagem na superfície especular da consciência. Se prestarmos atenção exclusiva às imagens e ignorarmos o espelho, perdemos de vista o contexto de onde elas surgem. Assim como a imagem é inseparável do espelho, assim a consciência é constituída pela experiência diária. Imagens e conceitos são, eles próprios, manifestações no interior da consciência.

O Brilho da Consciência

A consciência é brilhante. Ela revela tudo e todos, mesmo no escuro. Vemos essa luminosidade em sonhos, ainda que tenhamos os olhos cerrados e nenhuma luz física exista aparentemente dentro da nossa cabeça. Essa energia fulgurante pode transformar a energia glacial de uma fixação ou emoção em consciência em si, tal como o sol transforma o gelo em água, a água em vapor, e o vapor espalha-se pelo espaço.

A Conquista da Liberdade

Quando despertamos, o "nós" deixa de ser uma referência para a compreensão e o entendimento. Isso não significa que não haja personalidade ou ego, pois esses elementos são parte da nossa manifestação e atuação no mundo. Entretanto, presumir uma posição a partir da qual se possa entender as coisas é considerado mera vaidade. As coisas existem simultaneamente por toda parte, com total imparcialidade. Isso não pode ser apreendido pelos nossos sentidos ou encaixado nos nossos conceitos — mas sentidos e conceitos fazem parte da natureza da realidade. Nossa liberdade parte da vaidade da nossa posição e caminha para a expressão da alegria de viver.

Quando compreendemos que a base da liberdade e da alegria de viver não é um conceito, um lugar ou outra condição qualquer, constatamos que sempre fomos livres e que sempre existimos. Sabemos que o nosso ser e o nosso vir-a-ser brotam da consciência desperta, são por ela permeados, tal como uma cor brota da luz e uma nota musical faz parte do som. A essência existe. Tudo o que *existe* é essência.

Quando gozamos a experiência da liberdade, vivemos autenticamente sem resistências, sem a tensão da alienação, sem a inibição da dúvida, sem a necessidade de provar o nosso valor. Somos abertos e flexíveis a todos os aspectos da experiência. Participamos plenamente da vida e, com inteira liberdade, contribuímos com a nossa alegria de viver em todas as situações. A confiança vem do fato de nos mostrarmos verdadeiros para com o nosso próprio ser e para com a natureza da vida.

A Prática Espiritual de Servir ao Mundo

A prática espiritual não exige que abandonemos o mundo. Na verdade, ela amplia a nossa visão para além dos nossos problemas pessoais, buscando um todo mais espontâneo. A compreensão para com os outros, para os seus sofrimentos e para o seu papel no nosso próprio crescimento leva-nos naturalmente à comunhão e à dedicação.

Nessa aventura de crescer e de servir, deparamos com inúmeras formas sutis de nossas preconcepções, de nossos velhos hábitos. Como diz Jack Kornfield, o amor, a compaixão e a serenidade devem ser distinguidos de seus "quase-inimigos". O quase-inimigo do amor é o apego, que nos mantém ansiosos em vez de permitir que nos relacionemos com simpatia e dignidade. O quase-inimigo da compaixão é a piedade, que antes nos separa dos outros do que expressa a nossa natureza comum. O quase-inimigo da serenidade é a indiferença, que se manifesta mais como fuga do que como participação imperturbável no mundo.

Quanto do nosso tempo e da nossa energia são devotados à prática formal e ao serviço, isso dependerá do grau do nosso desenvolvimento, do que precisamos cultivar e das condições e carências próprias e das pessoas que nos cercam. Com o tempo, toda atividade se torna uma meditação e as distinções entre a prática e a vida diária se dissolvem. Antes disso, não existem fórmulas para alcançar um equilíbrio "correto". As proporções variam ao longo dos diferentes períodos da vida. Em cada situação, podemos indagar o que é necessário, não apenas para nós mesmos, mas para outras pessoas e para a situação como um todo. O segredo é perceber o Divino ou a Essência, em cada pessoa e em cada momento, dedicando nossa presença e nossas atividades à disseminação dessa descoberta, para que todos possam sentir a alegria da liberdade.

O Guerreiro da Compaixão

As forças da fixação e da dor parecem tão insinuantes neste mundo que talvez não saibamos por onde começar ou o que fazer. É hora de nos transformarmos em guerreiros da compaixão. Como guerreiros, a dedicação e a paixão não permitem que nos intimidemos ou cedamos. Nossas habilidades nos proporcionam resultados. As ações decididas mantêm-nos presentes sem a interferência das hesitações. Nossa admiração imparcial preserva a alegria do esforço e a gratidão pela oportunidade. Nossa liberdade nos mantém interligados e nos protege da alienação da separação. Nosso conhecimento do vazio conserva a nossa capacidade para evitar a vaidade, para ser pacientes durante o fluxo da ação, para ter bom humor, para correr riscos. E a nossa generosidade de espírito irradia-se para todos, sem que precisemos de crédito ou de reconhecimento. Como guerreiros, a profunda inclinação interior para ajudar os outros não é maculada pelo medo ou pela consciência de nós mesmos, mas torna-se um caminho. Nossas ações libertam os outros enquanto manifestam a nossa própria liberdade de sermos naturalmente aquilo que somos.

Possa este livro ajudar e beneficiar verdadeiramente a todos!

Bibliografia

Blofeld, John E. C. *Bodhisattva of Compassion: The Mystical Tradition of Kuan Yin*. Boston: Shambhala, 1977.

Bly, Robert. *Iron John*. Reading: Addison-Wesley, 1990.

Budda, Shakyamuni. "Anguttara-Nikaya", in *World of the Buddha: A Reader*. Editado com Introdução e Comentários por Lucien Stryk. Garden City: Doubleday Anchor, 1969.

Campbell, Joseph. *The Inner Reaches of Outer Space: Metaphor As Myth and As Religion*. Nova York: Alfred van der Marck, 1985.

Campbell, Joseph, e Bill Moyers. *The Power of Myth*. Organizado por Betty Sue Flowers. Nova York: Doubleday, 1988.

Chogyam, Ngakpa. *Journey Into Vastness: A Handbook of Tibetan Meditation Techniques*. Longmead: Element Books, 1988.

Einstein, Albert. "What I Believe", in *The Forum*. Outubro de 1930.

Eliot, T. S. *The Cocktail Party, A Comedy*. Nova York: Harcourt Brace, 1950.

_____. "Burnt Norton", in *Collected Poems, 1909-1962*. Nova York: Harcourt, Brace & World, 1963.

Fields, Rick. "The Changing of the Guard: Western Buddhism in the Eighties." Tricycle: The Buddhist Review, primavera de 1991.

Frost, Robert. "Two Tramps in Mud Time", in *Collected Poems of Robert Frost*. Garden City: Halcyon House, 1942.

Gyatso, Tenzin, Décimo Quarto Dalai Lama. *Compassion and the Individual*. Boston: Wisdom Publications, 1991.

Gibran, Kahlil. *The Prophet*. Nova York: Knopf, 1952.

Goldstein, Joseph, e Jack Kornfield. *Seeking the Heart of Wisdom: The Path of Insight Meditation*. Boston: Shambhala, 1987.

Goleman, Daniel. *Vital Lies, Simple Truths*. Nova York: Simon & Schuster, 1985.

Govinda, Lama Anagarika. *Foundations of Tibetan Mysticism*. York Beach: Samuel Weiser, 1969. [Fundamentos do Misticismo Tibetano, Editora Pensamento, São Paulo, 2ª ed. 1990.]

_____. *Creative Meditation and Multi-Dimensional Consciousness*. Wheaton: Quest Books, 1976.

Hanh, Thich Nhat. *Interbeing, Commentaries on the Tiep Hien Precepts*, Berkeley: Parallax Press, 1987.

Heller, Joseph. *Catch-22*. Nova York: Simon & Schuster, 1961.

Kahn, Hazrat Inayat. *Complete Sayings of Hazrat Inayat Kahn*. Nova York: Omega Publications, 1978.

LeGuin, Ursula. *Lathe of Heaven*. Nova York: Avon, 1973.

Lao Tsu. *The Way of Life: According to Laotzu*. Tradução inglesa de Witter Bynner. Nova York: Perigee, 1980.

Mann, John e Lar Short. *The Body of Light: History and Practical Techniques for Awakening Your Subtle Body*. Nova York: Globe Press Books, 1990. [*O Corpo de Luz. História e Técnicas Práticas para Despertar o seu Corpo Sutil*, Editora Pensamento, São Paulo, 1992.]

McDonald, Kathleen. *How to Meditate: A Practical Guide*. Organizado por Robina Courtin. Londres: Wisdom Publications, 1984.

Milne, A. A. *Winnie the Pooh*. Nova York: Dell, 1954.

Rabten, Geshe. *Song of the Profound View*. Londres: Wisdom Publications, 1989.

Sahn, Mestre Zen Seung. *Dropping Ashes on the Buddha: The Teachings of Zen Master Seung Sahn*. Compilado e organizado por Stephen Mitchell. Nova York: Grove Press, 1976.

_____. *Only Don't Know: The Teachings Letters of Zen Master Seung Sahn*. São Francisco: Four Seasons, 1982.

São Francisco de Assis. *The Little Flowers of St. Francis*. Tradução inglesa de Raphael Brown. Garden City: Image Books, 1958.

Santayana, G. Life of Reason. Nova York: Dover, 1982.

Sartre, Jean-Paul. "Huis Clos", *No Exit, and Three Other Plays*. Tradução inglesa de L. Abel. Nova York: Vintage, 1976.

Senzaki, Nyogen. *Like a Dream, Like a Fantasy*. Organizado por Eido Shimano Roshi. Tóquio: Japan Publications, 1978.

Shakespeare, William. *As You Like It*. New Haven: Yale University Press, 1954.

_____. *Julius Caesar*. New Haven: Yale University Press, 1919.

_____. *Macbeth*. New Haven: Yale University Press, 1954.

Short, Lar. *Dying to Go Beyond*. Albuquerque: Grace Essence Fellowship, 1992.

_____. *The Way of Radiance*. Durango: We Are Publishing, 1986.

Sogyal Rinpoche. *Dzogchen and Padmasambhava*. Berkeley: Rigpa Fellowship, 1990.

Thoreau, Henry David. *Walden, or Life in the Woods*. Franklin Center: Franklin Library, 1983.

Thurman, Robert. "Tibet, Its Buddhism and Its Art", in *Wisdom and Compassion: The Sacred Art of Tibet*. Nova York: Harry Abrams, 1991.

Tolstoy, Leo. "What is Art?" in *What is Art? and Other Essays*. Tradução inglesa. Londres: Oxford University Press, 1962.

Trungpa Rinpoche, Chogyam. *Cutting Through Spiritual Materialism*. Berkeley: Shambhala, 1973. [*Além do Materialismo Espiritual*, Editora Cultrix, São Paulo, 1987.]

Tarthang Tulku. *Hidden Mind of Freedom*. Berkeley: Dharma, 1981. [A Mente Oculta da Liberdade, Editora Pensamento, São Paulo, 1987.]

_____. *Openness Mind*. Berkeley: Dharma, 1978. [*A Expansão da Mente*, Editora Cultrix, São Paulo, 1987.]

_____. *Skillful Means*. Berkeley: Dharma, 1978.

Updike, John. "Reflections: Kafka's Short Stories". *The New Yorker*. 9 de maio de 1983, 121.

O Corpo de Luz
História e Técnicas Práticas para Despertar o seu Corpo Sutil

John Mann e *Lar Short*

O Corpo de Luz é, sob muitos aspectos, um guia prático que dá uma idéia precisa de como o Corpo Sutil se desenvolve e funciona. É um livro que descortina uma visão holística de todo o sistema dos chakras e o relaciona com as principais tradições esotéricas.

Aliando erudição acessível a práticas gradativas, John Mann e Lar Short criaram uma obra ímpar, destinada a todos aqueles que buscam progredir no caminho da espiritualidade. Ao estudar as tradições hindu, budista e taoísta, além de outras, à procura de informações sobre o Corpo Sutil, os autores nos conduzem a um melhor entendimento do trabalho interior de *todas* as tradições.

Ilustrada profusamente com desenhos e tabelas comparativas, a segunda parte do livro está inteiramente voltada a uma seqüência de exercícios práticos extraídos de uma grande variedade de tradições, que você pode começar a fazer imediatamente para iniciar ou para ampliar a sua prática espiritual.

Uma leitura extremamente proveitosa para todos os que estão em busca da espiritualidade.

* * *

John Mann é autor de mais de dez livros sobre psicologia, espiritualidade esotérica e outros assuntos. Ensina na State University of New York bem como, particularmente, a estudantes que seguem o seu eficiente método de meditação baseado na kundalini yoga e em práticas taoístas.

Lar Short dedica-se, entre outras atividades, à de diretor da Grace Essence Fellowship, entidade para a qual organiza seminários tanto na América do Norte como na América do Sul.

EDITORA PENSAMENTO

A EXPANSÃO DA MENTE

Tarthang Tulku

Para as pessoas que, em número cada vez maior, estão se interessando por um modo de vida mais espiritual, *A expansão da mente* explica de forma clara o que é a meditação e ensina em termos bem acessíveis a melhor forma de meditar. Contudo, embora este seja o tema geral do livro, seus ensinamentos podem ser aplicados a tudo na vida, pois através deles podemos chegar à compreensão da natureza da mente, dos pensamentos e dos sentimentos humanos.

Por apontar novos rumos no campo da meditação, este livro constitui um avanço oportuno e expressivo para a compreensão do Budismo Tibetano entre os ocidentais.

Tarthang Tulku, um lama tibetano que durante os últimos dez anos vem pregando e trocando idéias com os ocidentais, é um pioneiro na tão esperada fusão do Oriente com o Ocidente. Dele, a Editora Pensamento já editou: *Gestos de equilíbrio, Kum Nye — técnicas de relaxamento* e *A mente oculta da liberdade.*

EDITORA CULTRIX

O CAMINHO DA HABILIDADE

Tarthang Tulku

É no trabalho que podemos descobrir o sentido de realização que torna a vida digna de ser vivida. Hoje, no entanto, para a maioria das pessoas, o trabalho perdeu seu poder de inspiração, passando a ser encarado apenas como uma parte necessária, embora frustrante, de nossas vidas. *O caminho da habilidade*, pelo contrário, mostra-nos como reavivar a alegria de trabalhar e de cultivar a riqueza do nosso ser interior, de modo que toda experiência se transforme num desafio, num convite para viver em toda a extensão do nosso potencial humano.

Tarthang Tulku, um lama do Tibete Oriental, combinou os conhecimentos adquiridos em seu treinamento tradicional com a experiência que conquistou ao trabalhar em íntimo contato com os ocidentais ao longo destes últimos dez anos. Baseado em suas observações, *O caminho da habilidade* é um guia prático para todos os que desejam trabalhar com consciência e prazer.

***

De Tarthang Tulku, a Editora Cultrix/Pensamento já publicou *Gestos de Equilíbrio, Kum Nye — Técnicas de relaxamento* (2 vols.), *A expansão da mente* e *A mente oculta da liberdade*.

EDITORA CULTRIX

SHAMBHALA
A Trilha Sagrada do Guerreiro

Chögyam Trungpa,
Carolyn Rose Gimian (org.)

Neste guia prático para uma vida iluminada, Chögyam Trungpa oferece ao nosso tempo uma visão inspiradora, baseada na figura do guerreiro sagrado. Nos tempos antigos, o guerreiro aprendia a dominar os desafios da vida, tanto no campo de batalha como fora dele, e adquiria um senso de liberdade e poder pessoal – não através de atos violentos ou agressivos, mas por meio da sensibilidade, da intrepidez e do conhecimento de si mesmo.

Neste livro abre-se o caminho do guerreiro para os que buscam, na época atual, o autodomínio e a máxima realização. Ao interpretar a viagem do guerreiro em termos modernos, Trungpa discorre sobre habilidades como a sincronização entre a mente e o corpo, a superação de padrões arraigados de comportamento, a capacidade de enfrentar o mundo de maneira aberta e corajosa, de relaxar na disciplina e de perceber a dimensão sagrada da vida cotidiana. Acima de tudo, Trungpa mostra que, ao descobrir a qualidade essencialmente positiva da vida humana, o guerreiro aprende a irradiar ao mundo a bondade fundamental, em prol da paz e do bem-estar físico e mental de todos os seres.

Os ensinamentos de Shambhala – assim chamados em referência a um reino lendário nas montanhas himalaias, reino onde imperavam a prosperidade e a felicidade – apontam, desse modo, para a atitude iluminada que existe potencialmente no interior de todo ser humano.

* * *

Chögyam Trungpa – mestre de meditação, professor e artista – fundou o Instituto Naropa e é autor de vários livros sobre o budismo e o caminho da meditação, entre eles *O mito da liberdade*, *Além do materialismo espiritual* e *Meditação na ação*, publicados pela Editora Pensamento, São Paulo.

EDITORA CULTRIX

Outras obras de interesse:

BONDADE, AMOR E
  COMPAIXÃO
  Sua Santidade Tensin Gyatso

O CORPO DE LUZ - História e
  Técnicas Práticas para
  Despertar o seu Corpo Sutil
  John Mann e *Lar Short*

FUNDAMENTOS DO
  MISTICISMO TIBETANO
  Lama A. Govinda

MANTRAS - Palavras Sagradas
  de Poder
  John Blofeld

O PORTAL DA SABEDORIA
  John Blofeld

TAOÍSMO - O CAMINHO
  PARA A IMORTALIDADE
  John Blofeld

A MENTE OCULTA DA
LIBERDADE
Tarthang Tulku

GESTOS DE EQUILÍBRIO
Tarthang Tulku

O BUDISMO E O CAMINHO
DA VIDA
Christmas Humphreys

O HERÓI DE MIL FACES
Joseph Campbell

MEDITAÇÃO NA AÇÃO
Chögyam Trungpa

RETORNANDO AO SILÊNCIO
Dainin Katagiri

O ANEL DO CAMINHO
Taisen Deshimaru

A ESSÊNCIA DA MEDITAÇÃO
BUDISTA
Bhikkhu Mangalo

Peça catálogo gratuito à
EDITORA PENSAMENTO
Rua Dr. Mário Vicente, 374 - Fone 272-1399
04270-000 - São Paulo